Claus-Peter Lieckfeld
Veronika Straaß
Katharina Lausche

# Meine Katze

Ein rotfuchs Sachbuch

rororo
Rowohlt

rororo rotfuchs
Herausgegeben von Ute Blaich und Renate Boldt

13. – 16. Tausend September 1995

Originalausgabe
Veröffentlicht im Rowohlt Taschenbuch Verlag GmbH,
Reinbek bei Hamburg, September 1993

Redaktion Ute Blaich
Text- und Umschlagillustration Katharina Lausche
Umschlaggestaltung Nina Rothfos
rotfuchs-comic Jan P. Schniebel

Lithografie: Grafische Werkstatt Christian Kreher
Gesetzt aus der Berling PostScript (Linotype Library) PM 4.2
Gesamtherstellung Clausen & Bosse, Leck
Printed in Germany
1290-ISBN 3 499 20697 8

# Inhalt

# Anfang gut, alles gut

Wenn Phönix, unsere graue Katze, nicht wäre, gäbe es dieses Buch nicht. Denn Phönix hat uns eine Menge über Katzen beigebracht und viel Geduld mit uns gehabt. Und sie war nachsichtig, wenn wir auf unsere Angewohnheiten nicht verzichten wollten.
Angefangen hat alles ganz anders, als es in den meisten Katzenbüchern steht: Wir haben nämlich nie überlegt, welche Katze wohl am besten zu uns passen würde. Wir haben nicht geplant, wo sie schlafen, was sie fressen und womit sie spielen soll. Im Gegenteil: Weil wir viel zu oft auf Reisen sind, meinten wir, kein Tier halten zu können.
Phönix fand das nicht. Sie stand eines Tages im Spätsommer klein, klapperdürr und struppig auf der Terrasse und «erzählte» uns, daß sie gräßlichen Hunger habe. So deutlich, wie Katzen das tun: Mit steil aufgerichtetem Schwanz strich sie um unsere Beine und maunzte. Wir konnten natürlich nicht widerstehen. Uns war klar: Ohne uns würde sie den Winter nicht überleben.

Von jetzt an bekam sie jedesmal, wenn sie uns besuchte, ihre Mahlzeit. Allmählich wurde aus dem struppigen, halb verhungerten Jammerbild eine bildschöne Katzendame. Als es kälter wurde, wagte sie sich schließlich sogar ins Haus, und bald war klar: Sie war unsere Katze. Oder besser: Wir waren ihre Menschen.

## Warten auf die Neue

Du möchtest sicher nicht darauf warten, bis dich eine Katze findet? Klar. Sicher freust du dich schon seit Wochen nur noch darauf, daß du dir endlich deine Miezi oder deinen Pascha holen darfst. Ihr bekommt also wirklich ein neues Familienmitglied! Ein vierbeiniges. Lange genug hat es gedauert, bis in der Familie alle Wenn und Aber geklärt waren. Wir zählen mal ein paar wichtige Fragen auf, über die man sprechen muß, bevor man auf Katzensuche geht:

### Woher soll die Katze kommen?

Von Freunden? Da kennt man die Katzenmutter schon und weiß, wie die Jungen aufwachsen. Man kann sicher sein, daß Mutter und Kinder gut gefüttert werden und nicht unterernährt sind. Vielleicht sind die kleinen Katzen sogar schon gegen die schlimmsten Katzenkrankheiten geimpft. Außerdem haben sie von ihrer Mutter gelernt, daß Menschen nicht gefährlich sind. Und sie wissen wahrscheinlich auch schon, wozu ein Katzenklo da ist. Die kleine «Wohnungskatze» von Freunden ist also sicher eine gute Wahl!

Von einem Bauernhof?
Auch nicht schlecht. Allerdings muß man da einiges bedenken. Katzenmütter vom Bauernhof sind oft sehr mager, weil sie sich ihre Nahrung selbst besorgen müssen und meistens Würmer haben. Eine magere Katzenmutter aber bekommt schwächliche Junge, die dann leicht krank werden. Das soll nicht heißen, daß Bauernhofkatzen nicht in Frage kommen. Unsere Phönix stammt nämlich auch von einem Bauernhof. Aber wenn man Pech hat, muß man mit so einer kleinen Katze ziemlich oft zum Tierarzt gehen.

Aus dem Tierheim?
Eine sehr gute Entscheidung. Katzen aus dem Tierheim sind schon entwurmt, geimpft und kastriert. (Sollte deine Katze noch nicht geimpft sein, muß das schnell nachgeholt werden. Wichtig ist, daß die Katze dann mindestens zwölf Wochen alt, gesund und wurmfrei ist. Geimpft wird gegen Katzenschnupfen, Katzenseuche, Leukose, Tollwut.)
Ärgere dich nicht, daß die Leute aus dem Tierheim ganz genau wissen wollen, wo die Katze wohnen wird, ob sie Auslauf hat und wer für sie sorgt. Die meisten Tierheim-Katzen sind von Leuten ausgesetzt worden. So etwas wollen die Tierpfleger den Tieren natürlich ersparen. Gewöhnlich bezahlt man etwas für Impfungen und Unterkunft und hat dann eine wirklich gesunde Katze.

**Ist Rasse Klasse?**
Möchtest du eine Rassekatze vom Züchter? Rassekatzen können Problemkatzen sein. Zwar kennen wir natürlich gesunde Rassekatzen, aber auch einige, die vor lauter Schönheit krank sind. Das muß nicht sein, aber es kann leider sein.

Der Ehrgeiz mancher Rassekatzenzüchter ist verantwortlich dafür, daß es viele kranke Katzen gibt, die viel zu kurze Nasen, viel zu langes Fell haben, die taub oder auf andere Weise behindert sind.
Besonders die kuscheligen Perserkatzen haben es schwer. Weiße, blauäugige Tiere sind oft taub. Keine Perserkatze kann ihr unnatürlich langes Fell selbst in Ordnung halten. Jeden Tag müssen die Tiere gekämmt und gebürstet werden. Perserkatzen, die nicht regelmäßig gebürstet werden, sehen jämmerlich aus. Ihr Fell verfilzt zu Knoten und Matten.

**Katzen, die zuwenig Futter bekommen oder Würmer haben, sehen traurig aus: dürr und glanzlos im Fell.**

**Kater oder Katze?**

Kater haben eine lästige Angewohnheit: Sie pinkeln an alle möglichen Stellen am Haus, und das riecht scharf und unangenehm. Sie tun das natürlich nicht aus Bosheit. Sie wollen einfach allen anderen Katzen mit dieser Markierung zeigen: Das hier ist mein Gebiet! Also lieber keinen Kater? Doch, aber nur einen kastrierten. Ein Kater, der mit ungefähr zehn

**Wenn die Katze etwa acht Monate alt ist, kann sie zum erstenmal rollig werden. Das heißt bereit, sich mit einem Kater zu paaren.**
**Wer keinen Katzennachwuchs möchte, muß seine Katze kastrieren lassen. Jeder gute Tierarzt kann diese Operation ohne jeglichen Schaden für die Katze machen. Da es unendlich viele unerwünschte Katzen gibt, ist es verantwortungsvoll und vernünftig, die Katze kastrieren zu lassen. Gibt man der Katze eine Pille gegen Katzennachwuchs, so kann die Katze davon krank werden.**

Monaten kastriert worden ist, «markiert» nur ausnahmsweise. Er kämpft kaum mit anderen Katzen, streunt nicht tagelang herum und wird deshalb auch nicht so leicht von einem Auto überfahren. Auch Katzen sollte man kastrieren lassen. Sonst bekommen sie zweimal im Jahr Junge. In einem einzigen Jahr wären das schon zehn Katzenbabys! Den ersten Wurf kann man vielleicht noch an Freunde verschenken, beim zweiten wird es schon schwieriger. Und dann? Ins Tierheim? Dort warten schon genug arme Findelkatzen auf ein gutes Zuhause.
Als wir Phönix kastrieren ließen, behaupteten Freunde von uns, kastrierte Katzen würden faul, langweilig und fett. Das ist Blödsinn. Unsere Phönix ist nach der Operation ganz die alte geblieben.

**Katzenkinder sind in den ersten Wochen besonders empfindlich. Die Kleinen lernen von ihrer Mutter rasch die wichtigsten Äußerungen der Katzensprache.**

## Alle wollen Katzenbabys

Wie alt? Fast jeder will eine junge Katze. Sie sind besonders niedlich und verspielt. Außerdem meinen viele Menschen, nur junge Katzen könnten sich richtig an ein neues Zuhause gewöhnen. Das stimmt nicht. Wenn es einer erwachsenen Katze irgendwo gut gefällt, fühlt sie sich genauso wohl wie eine Jungkatze, die in ihre Heimat hineingewachsen ist. Wenn du deine Katze aber doch aus einem Wurf junger Kätzchen aussuchen willst: Nimm immer das lebhafteste, stärkste. Ein Kätzchen, das sich still in eine Ecke drückt und nicht mitspielt, könnte krank sein. Nichts ist trauriger, als wenn so ein kleines Tier nach ein paar Wochen mühsamer Pflege doch sterben muß.

**Gegenseitige Körperwärme und der Herzschlag der Geschwister geben den winzigen Kätzchen die nötige «Nestwärme».**

## Wird sie sich überhaupt an uns gewöhnen?

Wenn du den Wurf schon kennst, aus dem deine zukünftige Katze kommt, solltest du sie schon vorher ein paarmal besuchen. Du kannst die Katzenbabys streicheln und mit ihnen spielen. Das macht nicht nur Spaß, sondern hilft deiner jungen Katze, sich später bei euch einzugewöhnen. Kleine Katzen lernen nämlich schon in den allerersten Lebenswochen, wer freundlich und wer gefährlich ist. Wenn du dein Katzenbaby oft besuchst, merkt es sich: Menschen sind nett. Sie streicheln mich, und ihre Stimmen bedeuten etwas Gutes. Wenn du das Kätzchen später zu dir in die Wohnung holst, wird es keine Angst mehr vor Menschen haben.

Ein Katzenbaby, das dagegen in irgendeinem Schuppen aufwächst, ohne je einen Menschen zu sehen, hat es später viel schwerer. Es hat die «Zweibeiner» ja nie kennengelernt. Darum wird es sich erst einmal vor ihnen fürchten und davonlaufen.

Natürlich möchtest du deine Mieze am liebsten sofort mit nach Hause nehmen. Laß sie aber unbedingt noch bei ihrer Mutter und ihren Geschwistern – mindestens volle acht Wochen lang. In dieser Zeit lernen die Jungen von der Mutterkatze nämlich einiges, was ein Mensch ihnen nur schwer beibringen kann. Zum Beispiel, wie man am besten Mäuse fängt und daß man nicht überall sein Geschäft machen kann. Kleine Pannen können natürlich in der neuen Wohnung trotzdem noch passieren. Aber das Kätzchen weiß immerhin schon das Wichtigste.

## Wer kümmert sich um die Katze?

Die ganze Familie? Das hört sich gut an. Aber oft ist es so, daß sich niemand wirklich verantwortlich fühlt, wenn das nicht klar geregelt ist. Jeder will natürlich mit der Katze spielen. Aber wer füttert sie, wer ist für die sehr wichtige Sauberkeit am Katzenklo zuständig? Katzen machen ja nicht nur Spaß, sondern auch Arbeit.
Man darf sich nichts vormachen: Du bist den Vormittag über in der Schule. Du bist auf Klassenfahrt und in den Ferien. Natürlich willst du deine Katze selbst versorgen. Aber wer hilft aus, wenn du nicht da bist? Dann muß unbedingt jemand dasein, der zeitweise deine Pflichten übernimmt.

**Katzenmütter wissen aus Instinkt, wie sie ihre Kleinen versorgen müssen. Besonders jetzt brauchen sie kräftigende und reichhaltige Nahrung. Nach drei Wochen darf man den Katzenkindern etwas zufüttern. Mit acht Wochen sollte das kleine Kätzchen von der Mutternahrung unabhängig sein.**

Jemand, der oft zu Hause ist. Meistens ist dieser Jemand deine Mutter.
Aber das darf natürlich nicht heißen, daß du alle lästigen Dinge wie Füttern und Katzenklo-Saubermachen nach und nach auf deine Mutter abwälzt! Sie wird bestimmt keine Lust haben, nach ein paar Wochen die ganze Arbeit allein zu erledigen.

## Schönste Zeit des Jahres

Was tun, wenn die Familie in Urlaub fährt?
Könnt ihr die Katze mit in die Ferien nehmen? Oder in einer zuverlässigen, guten Katzenpension unterbringen? Werden Freunde auf das Tier aufpassen? Werden diese Freunde in

**Was eine junge Katze zum Überleben in der Natur braucht, lernt sie im Spiel von der Katzenmutter.**

die Wohnung kommen? Oder nehmen sie die Katze mit in ihre Wohnung? Geht das überhaupt?
Ein ganzer Haufen Fragen. Und das sind nur die wichtigsten. Aber zu deiner Beruhigung: Eine Katze ist eigentlich kein allzu schwieriges Haustier. Ein Hund zum Beispiel würde viel mehr von dir verlangen als eine Katze. Katzen sind meistens wunderbar selbständig. Aber gerade deshalb meinen viele Katzenbesitzer allzuleicht, es würde sich schon alles ganz von selbst regeln.
Wenn man seine Katze ernst nimmt, bleiben also viele Fragen, zu denen jede «Katzen-Familie» die eigenen Antworten finden muß. Dieses Buch soll dabei helfen. Und wir hoffen, daß es auch ein bißchen Spaß macht. Am besten liest du alles zuerst einmal genau durch und nimmst dir zum Schluß diese Fragen noch mal vor. Aber *bevor* die Katze ins Haus kommt. Und wenn sie schon da ist? Dann hilft dieses Buch dir vielleicht, Fehler zu erkennen. Manche Irrtümer lassen sich auch später noch aus der Welt schaffen.

## Großer Bahnhof für ein kleines Tier

Der große Tag ist da: Heute soll die kleine Katze endlich kommen. Du hast schon alles für sie vorbereitet. Steht das Katzenklo bereit? Der Freß- und der Trinknapf? Und wo soll sie schlafen? In Tierhandlungen werden alle möglichen Katzenkörbe angeboten: mit Stoff bezogen, geflochten oder mit Rüschen garniert. Farbe und Rüschen sind der Katze völlig egal. Auch ob der Korb nun aussieht wie eine Kugel mit einem kleinen Einschlupfloch oder nur eine hohe Kante hat, spielt kaum eine Rolle. Wichtig ist der Katze vor allem, daß sie rundherum etwas zum Anlehnen hat, und das findet sie auch in einer stabilen Pappschachtel mit Einstiegsloch und einer Decke drin.
Manchmal hat sie es auch gern erhöht und mit Rundumblick. Dann ist es schön, wenn die Kiste oder der stabile Karton obendrauf als «Dachterrasse» benutzt werden kann. So ein Kistchen ist als Angebot auch deshalb vernünftig, weil es dunkel und kuschelig ist.

Eine Katze hat 99 Lieblingsplätze. Wenn sie nun ausgerechnet den ausgesuchten Platz nicht gut findet? Bei einem Pappkarton macht das nichts. Dann versuchst du es einfach mit einem anderen. Phönix hat beides: Körbchen und Schachtel. Aber die Schachtel ist ihr lieber!
Noch etwas spricht für Kartons: Hat die Katze mal einen Floh, steckt man die Katzendecke in die Waschmaschine, und der Karton kommt in den Ofen. Ein Körbchen ist dagegen mühsamer zu reinigen.

## Die neue Behausung

Nun ist die kleine Katze endlich da. Sie erkennt dich wieder, weil du sie ja schon oft besucht hast. Alles ist unglaublich aufregend für sie. In jeden Winkel muß sie ihre Nase stekken, jede Spalte untersuchen. Sie ist wahrscheinlich sehr unruhig und braucht Zeit. Wenn du leise und ganz ruhig mit ihr sprichst, kannst du ihr die Angst nehmen. Es ist nämlich nicht leicht für das Katzenkind, zum ersten Mal im Leben ohne Mutter, ohne Geschwister zu sein. Eine ängstliche junge Katze fühlt sich viel sicherer, wenn du aus ihrer Katzenkinderstube etwas mitgenommen hast, was sie kennt: eine Decke, ein Tuch oder ein Kissen. Die neue Wohnung bleibt trotzdem noch fremd, aber nun hat sie wenigstens den beruhigenden Geruch in der Nase. Anfangs sollte die kleine Katze auf keinen Fall in den Garten! Sie muß sich unbedingt richtig eingewöhnt haben.

Die erste Nacht ist besonders schwer für deine kleine Mieze. Bis jetzt konnte sie an die Geschwister gekuschelt einschlafen. Und nun ist plötzlich niemand mehr da! Aber auch dafür gibt es Abhilfe.

Du kannst die kleine heimwehkranke Katze im Körbchen mit in dein Schlafzimmer nehmen. Wenn sie neben deinem Bett schlafen darf, deine Nähe spürt und du sie ein bißchen streichelst, wird sie sich nicht so verlassen fühlen.

Vielleicht versucht sie ja aber auch, sich in dein Bett zu schummeln, weil es da natürlich am molligsten und schönsten ist. Es gibt Menschen, die so etwas strikt ablehnen und allerlei «vernünftige» Gründe anführen, warum das absolut schrecklich sei. Aber ich hoffe, deine Eltern haben Verständnis für das verlassene Katzenkind.

Du kannst ihnen ja erzählen, daß der Baron Rothschild sogar seinen drei großen Labradorhunden erlaubt, in seinem riesigen Bett zu schlafen.
Wenn dein Kätzchen sich eingewöhnt, sein Heimweh vergessen hat und richtig putzmunter ist, kannst du es behutsam daran gewöhnen, daß es nur noch vor deinem Schlafzimmer im Körbchen schläft. Das wird nicht einfach sein, denn schließlich meint es, ein «Recht» auf dein Bett zu haben. Aber dann ist es schon so heimisch bei euch, daß du ihm zumuten kannst, diese kleine Enttäuschung hinzunehmen.

## Leibgericht

Euer neuer Mitbewohner hat die erste Nacht gut überstanden und ist hungrig. Was soll er fressen? Und wann? Und wieviel? Jede Katze wird natürlich versuchen, ihren Kopf durchzusetzen: ihre Essenszeiten, ihre Lieblingsmahlzeiten. Es liegt an uns, ob wir uns auf ihre «Vorschläge» einlassen oder nicht. Wir müssen dem Neuling schon früh «sagen», was geht und was nicht.
Zum Thema gibt es drei Fragen: Was? Wann? Wieviel?

### Was?

Katzen sind Fleischfresser. Der Katzenkenner Frank Manolson hat das sehr einfach und witzig gesagt: «Rohes Fleisch war das Zeug, von dem Katzen lebten, bevor der Büchsenöffner erfunden wurde.» Rohes Fleisch also ist die wichtigste Katzenspeise, mit einer Ausnahme: Auf keinen Fall dürfen Katzen rohes Schweinefleisch fressen! Es kann einen Krankheitskeim enthalten, der uns Menschen nicht schadet, die Katzen aber tötet (Aujeszkysche Krankheit).
Vier Fünftel des Katzenfutters sollten aus Fleisch bestehen, der Rest aus gekochtem Gemüse, Reis oder Tierflocken.

### Ist die Dose eine Mogelpackung?

Sagen wir mal so: Im Dosenfutter ist wohl das Notwendige für Katzen. Ob es die beste Art zu füttern ist, muß bezweifelt werden. Die Tatsache, daß fast alle Katzen wild auf Dosenfutter sind, hat einen sehr einfachen Grund: Dem ganzen Mix werden tolle künstliche Duftstoffe zugesetzt. Katzen finden das unglaublich verlockend. Sie werden mit diesen Düften wahrhaftig «an der Nase herumgeführt».

Den meisten Menschen ist das Füttern mit frischem Fleisch zu umständlich. Sie geben ihren Katzen lieber Dosenfutter. Dabei sollte man aber wissen: Die Dosen bekannter Firmen, die zum Beispiel mit «leckerem Muskelfleisch» werben, enthalten nur vier Prozent Muskelfleisch. Der Rest sind Schlachtabfälle, Getreide, Milchprodukte und ähnliches. Vier Prozent! Das ist sehr wenig. Wenn du deine Hand betrachtest, dann sind vier Prozent vielleicht die Größe des Daumennagels im Vergleich zur Hand.

Dose pur ist aber aus noch einem ganz anderen Grund sehr problematisch. Das weiche Futter kann die Katze schlukken, ohne zu kauen, und das ist schlecht für Zähne und Zahnfleisch. Katzen sollten regelmäßig Fleisch in größeren Streifen bekommen, das sie selbst zerbeißen müssen. Rinderherz, Rindermuskelfleisch und Fisch eignen sich gut (Vorsicht! Große Gräten herausnehmen!).

Und noch etwas: Die Maus, die von der Katze gefangen und verzehrt wird, hat natürlich Körpertemperatur, 37 Grad Celsius. Das Futter aus dem Kühlschrank aber hat eine Temperatur von nur acht bis neun Grad. Das bekommt dem Katzenmagen nicht. Ihr solltet das Futter also eine Weile stehenlassen. Es kann sich dann an der Luft anwärmen, bevor es in die Katzenschüssel kommt.

**Wieviel und wann?**

Eine freilebende Katze frißt immer gerade soviel, wie sie braucht oder wie sie erjagen kann. Wenn sie eine Maus gefangen hat, ist das noch keine Schlemmermahlzeit, sondern ein guter Happen zwischendurch. Und mit vier, fünf solcher Happen frißt sich eine Bauernkatze durch den Tag. Nie ist sie wirklich «pappsatt».

**Besser oft kleine Häppchen als selten Riesenmahlzeiten**
Bei einer zahmen Wohnungskatze ist das natürlich etwas anderes. Sie kann ja nicht selbst entscheiden, wann und wie oft sie fressen möchte. Am liebsten wäre es ihr natürlich, wenn sie mehrmals am Tag kleine Portionen bekäme. Für Jungkatzen ist es sehr wichtig, daß sie ihre fünf Mahlzeiten über den Tag verteilt bekommen. Erwachsene Katzen werden meistens zweimal täglich gefüttert: morgens und abends eine große Mahlzeit. Das ist nicht so gut. Aber manchmal geht es leider nicht anders.
Hunden macht es übrigens überhaupt nichts aus, sich nur einmal am Tag gründlich den Bauch vollzuschlagen. Ihre Vorfahren, die Wölfe, jagten im Rudel und erbeuteten Hirsche und andere große Tiere. Und nicht jeden Tag hatten sie Glück bei der Jagd. Wenn sie Beute gemacht hatten, schlangen die Wölfe deshalb in kürzester Zeit soviel Fleisch wie möglich herunter. Sie wußten ja nicht, wann sie wieder Jagdglück und Fressen haben würden. Deshalb schlingen die Hunde auch heute noch, und ihr Magen-Darm-System ist darauf auch eingestellt.
Katzen als Kleintierfänger schaffen sich dagegen viele kleine Mahlzeiten am Tag. (Sie essen ja auch Engerlinge, Insekten und andere winzige Tiere.) Am besten also mehrere kleinere Mahlzeiten, die sorgfältig frisch gehalten werden müssen.
Also, wieviel soll sie nun haben? Ein schwieriges Kapitel. Wenn man in zehn verschiedenen Katzenbüchern nachschaut, findet man zehn verschiedene Empfehlungen. Sehr verwirrend! Man wird wohl selber herausfinden müssen, wieviel die eigene Katze braucht, ohne dabei zu dick zu werden. Katzen, die sich sehr viel bewegen, vertragen mehr als «faule».

Es gibt dünne Menschen, die sehr viel essen, und dicke, bei denen die kleinste Mahlzeit gleich zu «Speck» wird. So ist das bei Haustieren auch.
Aber über den Daumen gepeilt kann man so füttern: pro Pfund Körpergewicht 15 Gramm füttern. Wenn deine Katze also 8 Pfund wiegt, wären 120 Gramm pro Tag richtig. Wobei sie von einem Viertelpfund Rinderherz natürlich mehr hat als von der gleichen Menge Fertigfutter aus der Dose.

**Gefährlich: Trockenfutter**
Ein häufiger und schlimmer Fehler bei der Katzenfütterung: das Trockenfutter! Natürlich: Trockenfutter ist zunächst mal bequem und praktisch. Ausschließlich Trockenfutter ist gefährlich! Wenn, dann nur wenig! Und dann muß die Katze unbedingt reichlich Wasser trinken. Frißt sie Trockenfutter und trinkt dabei zuwenig, wird sie schwer krank. Trockenfutter als kleine Abwechslung ist erlaubt!

**Katzen brauchen Zeit**
Zum Schluß dieses ersten Kapitels noch ein allgemeiner Ratschlag: Laß der Katze Zeit, wenn sie in die neue Wohnung kommt. Sie muß sich eingewöhnen. Und Katzen tun das am leichtesten, wenn sie alles in Ruhe untersuchen können. Zwar möchte jeder sie am liebsten zuerst einmal auf den Arm nehmen, aber der kleinen Katze macht man damit mehr Angst als Freude. Sie muß sich erst einmal zurechtfinden: Wo sind die Ein- und Ausgänge? Und wo die besten Verstecke?

# Etwas Kätzisch muß man sprechen können

Katzen geben sich wirklich alle Mühe, uns Menschen zu verstehen. Wahrscheinlich halten sie uns für besonders starke, große Katzen, mit denen man sich gutstellen sollte. Viele dieser mächtigen «Großkatzen» sind glücklicherweise nicht nur stark, sondern auch gutmütig. Selten versuchen sie, einer Katze das Futter wegzunehmen oder sie vom Schlafplatz zu vertreiben. Nicht einmal ihre Krallen benutzen sie! Die meisten Menschen sind also für Miez und Musch angenehme Wesen. Und warum finden Katzen andere Lebewesen überhaupt angenehm? Sind sie denn etwa keine Einzelgänger? Es wird oft behauptet, Katzen liebten zwar ihr weiches Körbchen und ihren vollen Futternapf, der Mensch sei ihnen aber ziemlich schnuppe.

## Einzelgänger-Katze – ein Märchen

Das stimmt nicht! Die meisten Katzen legen sogar großen Wert auf Gesellschaft – auch auf menschliche. Aber eben nur dann, wenn sie es wollen. Auch die halbwilden Katzen auf Bauernhöfen wollen durchaus nicht immer für sich sein. Auf Futtersuche gehen sie zwar allein, aber im Heunest finden sie Gesellschaft sehr angenehm. Manche Katzenmütter lassen die Jungen einer anderen Katze sogar bei sich trinken, ziehen verwaiste Kätzchen auf oder helfen bei der Geburt.

Und manchmal überläßt eine Katze der Katzenfreundin sogar eine Maus, wenn sie selbst gerade nicht hungrig ist. Vielleicht glaubt auch Phönix manchmal, wir hätten Hunger und brauchten eine kleine Maus als Vorspeise? Vielleicht meint sie, wir seien zu ungeschickt, uns selbst Mäuse zu fangen? Jedenfalls legt sie uns immer wieder mal ihre Beute vor die Füße.

Wenn Phönix eine Maus gefangen hat, ist sie besonders gut gelaunt. Sie greift sich das tote Tierchen und beginnt, Fangball mit ihm zu spielen. Sie wirft das kleine Fellbündel in die Luft, fängt es mit Krallen und Zähnen wieder auf, schleudert es fort und springt mit einem wilden Satz hinterher.

**Katzen springen nach allem, was hopst, kriecht, fliegt oder sich bewegt. Bei der Mäusejagd gibt es eine immer gleiche Abfolge: Anschleichen, Abwarten und Lauern, Angriffssprung, Beutepacken. Bevor die Katze ihre Beute totbeißt, läßt sie die Maus noch einmal kurz laufen.**

Das sieht vielleicht grausam aus. Aber die Maus spürt nichts mehr davon. Die Katze muß lange lauern, bis sie endlich einmal etwas erwischt. Man kann verstehen, wenn sie dann übermütig herumtobt.

**Katz und Maus**

Manchmal allerdings trägt Phönix auch lebende Mäuse zu uns und spielt mit ihnen. Sie weiß ja nicht, daß sie ein anderes Tier quält. Aber sobald sie einen Augenblick nicht aufpaßt, nehmen wir ihr die Maus weg. (Am besten hebt man sie am Schwanz hoch, dann kann sie in ihrer Angst nicht beißen.) Wir lenken Phönix dann schnell mit irgendeinem Spielzeug ab. Die Katze sucht zwar bald verwirrt nach ihrer Beute, auf die sie stolz ist. Aber sie hält uns mit diesem Trick wenigstens nicht für gemeine Diebe. Die Maus lassen wir

wieder in der Wiese verschwinden. Natürlich ein schönes Stück vom Haus entfernt!
Warum jagt eine gut gefütterte Katze überhaupt noch Mäuse? Sie bekommt doch jeden Tag ihr Futter! Auch in einer satten Hauskatze steckt noch immer ein Stückchen Wildkatze. Diese Wildkatze muß lauern, fangen und töten. Sie kann nicht anders. Mit diesem Instinkt wird sie geboren.

Auch in uns Menschen steckt immer noch etwas vom Steinzeitjäger. Warum sonst machen Menschen Dauerlauf, gehen auf den Tennisplatz oder zum Fußballspielen? Der Steinzeitjäger in uns will immer noch hinter etwas herjagen, etwas fangen, auch wenn das nur ein Ball ist.

## Abc der Katzensprache

Können Katzen sprechen? Ja, aber sie haben eine andere Sprache als wir. Sie sprechen auch mit den Ohren, dem Schwanz – dem ganzen Körper. Es ist sehr wichtig, daß du «Kätzisch» verstehst! Umgekehrt versuchen Katzen ja auch, unsere Sprache und Zeichen zu verstehen – obwohl das oft gar nicht einfach für sie ist.

Wenn die Verständigung nicht klappt, wenn Katze und Mensch «aneinander vorbeireden», gibt es Probleme. Neulich zum Beipsiel kam Yola, die Freundin unserer Tochter, zu Besuch. Yola hat überhaupt keine Katzenerfahrung. Mit Schwung hob sie Phönix aus ihrem Karton, in dem die Katze gerade friedlich geschlafen hatte. Natürlich war sie ärgerlich, sträubte das Fell und legte die Ohren an. Das heißt: «Das paßt mir jetzt überhaupt nicht!»

Yola verstand nichts. Sie lachte und sagte: «Ist sie nicht süß, wie sie die Ohren anlegt?»
Ein totales Mißverständnis! So, als ob jemand zu dir «nein danke!» sagt, und du verstehst «ja bitte».
Mit der Katzensprache ist es ein bißchen so wie mit jeder

Fremdsprache: Wer schon etwas Englisch in der Schule hatte, weiß, was Vokabellernen bedeutet. «Not» zum Beispiel heißt immer «nicht». Das ist klar und eindeutig. Es gibt allerdings auch Worte, da kommt es sehr darauf an, wer sie wann und wie sagt. Nehmen wir mal das Wort «na». Wenn man es lang und weich als Frage spricht – «naaa?» –, kann es heißen: «Na, was sagst du jetzt?» Wenn man es kurz, hart und zackig spricht – «na!» –, kann es bedeuten: «Muß das wirklich sein?»

## Der Ton macht die Musik

Ähnlich ist das mit der Zeichensprache der Katze. Es kommt ganz darauf an, wann sie etwas sagt und wie sie es «ausspricht». Ein Katzenbuckel zum Beispiel bedeutet nicht immer, daß die Katze drohen will. Vielleicht sollten wir uns die Katzensprache genauer ansehen. Reden wir zuerst mal von den angenehmen Dingen im Katzenleben.

**Freundliches Blinzeln, aufgestreckter Schwanz, Schnurren und Beinreiben sind Zeichen, daß deine Katze dich liebevoll und ausführlich begrüßen möchte.**

Angenehme, freundliche Gefühle kann eine Katze mit sehr vielen Zeichen ausdrücken. Wenn Phönix uns begrüßt, streckt sie ihren Schwanz steil in die Höhe, blinzelt freundlich und reibt sich katzbuckelnd an unserem Bein. Das heißt: «Gut, daß du da bist!» Das Blinzeln ist übrigens sehr wichtig. Anstarren gilt unter Katzen nämlich als etwas Alarmierendes. Wenn du deiner Katze direkt in die Augen siehst, solange sie sich noch nicht eingewöhnt hat, jagst du ihr Angst ein. Sie wird glauben, daß du sie im nächsten Moment angreifen willst. Erst wenn sie dich genauer kennt, merkt sie, daß dieses Starren nicht böse gemeint ist.

«Köpfchengeben» bedeutet, daß Katzen beachtet und gestreichelt werden möchten. Phönix springt auf meinen Schoß, beschnuppert zuerst meine Nase (das ist der große Katzengruß!) und reibt dann den Kopf an meinem Gesicht oder meiner Hand. Anschließend macht sie es sich auf meinem Schoß gemütlich und schnurrt mit geschlossenen Augen vor sich hin. Krault man sie dann – am liebsten hinter den Ohren oder unter dem Kinn –, dann wird das Schnurren noch lauter. Sie sagt damit: «So ist es gut. So kann es bleiben!» Dabei krallt sie, abwechselnd rechts und links, in meine Hosenbeine. Sie fühlt sich also besonders wohl. Diese seltsame Bewegung (mal sanft mit der linken, mal mit der rechten Pfote zutreten) nennen die Katzenkenner «treteln».

## Katzen spielen Baby

Eigentlich ist das eine Bewegung, die Katzenbabys machen: Sie treten der Mutterkatze sanft in den Bauch. Dadurch erreichen sie, daß mehr Milch fließt. Wenn aber eine erwach-

Wenn deine Katze das Köpfchen hinstreckt und schnurrend um dich herumstreicht, möchte sie zärtlich gestreichelt werden.

sene Katze tretelt, heißt das: «Ich fühle mich wieder wie bei meiner Katzenmutter.»
Manchmal lecken Katzen gleichzeitig mit ihrer rauhen Zunge über die streichelnde Hand. Das ist wirklich ein faustdikkes Kompliment und heißt: «Du bist mir überaus sympathisch!» Katzen putzen sich nämlich nur dann gegenseitig, wenn sie sich sehr gut verstehen.
Wenn Phönix etwas haben möchte, ist sie genauso deutlich wie beim Schmusen: Sie reibt sich an meinem Bein (das heißt freundliche Stimmung), maunzt und setzt sich dann vorwurfsvoll vor den leeren Futternapf. Dabei starrt sie mich an, schnurrt aber gleichzeitig freundlich, damit ich ihr das Starren nicht übelnehme.

**Katzen, die untereinander Freundschaft halten, reiben sich schnurrend die Köpfe.**

## Katzen sprechen auch mit dem Fell

Auch wenn es um unangenehme Dinge geht, wenn eine Katze also Angst hat und sich verteidigen muß, spricht sie mit dem ganzen Körper. Sie macht einen Buckel, sträubt das Fell, bis sie aussieht wie ein Stachelschwein, und biegt den gesträubten Schwanz wie ein Fragezeichen nach unten. Dazu stimmt sie oft einen wilden Gesang an. Warum sie das tut? Sie will möglichst groß und bedrohlich erscheinen, damit ihr Feind keine Lust mehr auf Streit hat. Eine Katze mit gesträubtem Fell sagt: «Schau genau hin! So groß und furchtbar bin ich! Überleg dir genau, ob du dich mit mir anlegen willst!» Wenn Phönix mit aufgestellten Haaren und Bürstenschwanz in die Wohnung fegt, sieht sie wirklich erstaunlich groß aus. Wir wissen dann, daß sie der fürchterlichen, riesigen schwarzen Katze begegnet ist und versucht hat, die Schwarze zu beeindrucken.

**Katzenbuckel, zurückgelegte Ohren, gesträubte Schnurrhaare und aufgestelltes Rückenfell sind Drohgebärden.**

Menschen benehmen sich ähnlich: Auch kleine Jungen werfen sich vor einer Schulhofklopperei ordentlich in Positur, um möglichst wuchtig zu erscheinen. Und wie geht es dir, wenn du etwas bedrohlich findest? Du merkst ganz deutlich, wie dir eine Gänsehaut den Rücken hinunterläuft. Das ist dein «Fell», das sich sträubt. Nur sieht man beim Menschen davon nicht mehr viel ...

## Kämpfen und Drohen

Kleine Jungen wissen auch: Wenn eine Keilerei bevorsteht, hat man genausoviel Angst wie Angriffslust. Katzen geht das genauso. Sie buckeln und singen deshalb so gefährlich, weil

**Katzen, die draußen leben, haben feste Reviere. Läßt sich ein Fremder im Revier sehen, kommt es zu richtigen Kämpfen. Nach einer wilden Verfolgungsjagd schreien sich die Kater drohend an und verbeißen sich ineinander.**

sie eigentlich nicht kämpfen wollen. Wenn es brenzlig wird, würden sie zwar mit Zähnen und Krallen auf den Gegner losgehen. Aber viel, viel lieber wäre ihnen, wenn einer von beiden sich still verdrücken würde. Dann hätten sie gesiegt, ohne eine Schramme abzubekommen. Bei Hunden gelingt den Katzen das Imponiergehabe manchmal. Aber Vorsicht! Nicht jeder Hund läßt sich vom Katzenbuckel beeindrukken.

Woher weiß man, wieviel Angst eine Katze hat? Eine verstörte Katze sieht aus, als ob die Angst alles an ihr nach hinten und unten ziehen würde. Sie drückt sich möglichst tief auf den Boden, legt die Ohren flach an den Kopf und zieht die Mundwinkel nach hinten, während sie drohend faucht. Dazu peitscht sie nervös mit dem Schwanz.

Katzen können nicht nur «Kätzisch» sprechen. Sie erfinden auch ganz neue Ausdrücke. Manchmal tun sie Dinge, die richtig menschlich wirken. Wenn zum Beispiel die Katze mit dem leeren Futternapf herumlärmt, weiß man sofort, daß sie Hunger hat. Wie sie das gelernt hat? Vielleicht hat sie einmal hungrig die letzten Reste aus dem Napf geleckt, und sofort brachte ihr Herrchen frisches Futter. Weil das schon ein paarmal gut funktioniert hat, weiß sie jetzt: Wenn ich mit dem leeren Napf herumklappere, kommt mein Kellner.

Phönix hat gelernt, mit den Pfoten an Scheiben zu trommeln, wenn sie raus oder rein will. Wahrscheinlich hat sie ein paarmal versucht, eine geschlossene Tür mit den Pfoten aufzustoßen, sofort kam dann jemand, um ihr dabei zu helfen. Bald wußte sie: Pfotenscharren öffnet die Türen. So lernen alle Lebewesen am besten: wenn sie Erfolg haben und belohnt werden!

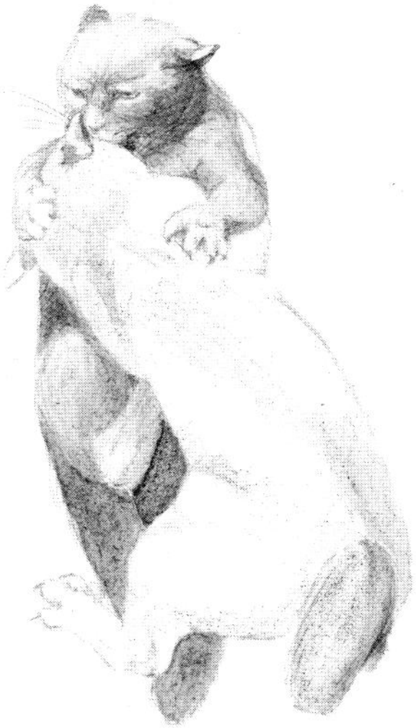

## Rätselhafte «Worte»

Katzen haben auch «Worte» in ihrer Sprache, die nicht so leicht zu verstehen sind.
Warum zum Beispiel lecken sie sich so oft? So schmutzig kann doch keine Katze sein, daß sie sich fünfzehnmal am Tag die Pfoten waschen müßte! Ist sie auch nicht! Katzen wollen oft etwas ganz anderes sagen, wenn sie sich putzen. Sie lecken sich oft auch dann, wenn sie unsicher sind und noch nicht so richtig wissen, was nun eigentlich passieren soll. Übersetzt heißt das: «Unangenehm! Wie komme ich hier bloß ohne Schaden davon? Am besten, ich benehme mich völlig unauffällig.» Und Pfotenlecken ist das Unauffälligste, was eine Katze tun kann. Wenn ich zum Beispiel Phönix in Katzensprache anfauche, weil sie sich etwas aus meiner Einkaufstasche stibitzen will, wäscht sie sich zuerst mal flüchtig die Pfoten. Sie ist verlegen, ratlos und weiß nicht, wie sie am besten aus der Sache herauskommt.
Eigentlich benehmen sich Katzen ähnlich wie wir Menschen. Wenn ich ratlos bin, kratze ich mich am Kopf, auch wenn es überhaupt nichts zu kratzen gibt. Und wenn du unsicher bist, weil du ein Donnerwetter von deinen Eltern erwartest, vertiefst du dich vielleicht zum Schein in ein Buch oder siehst betont harmlos aus dem Fenster. Jetzt bloß nicht auffallen!

## Bloß nicht auffallen

Auch Katzen sehen in brenzliger Lage gern aus dem Fenster. Viele Menschen halten das für hochmütig. Aber in einem solchen Moment ist eine Katze keineswegs hochmütig. Im Gegenteil: Sie ist total unsicher und verschüchtert. Sagen wir mal, du ertappst deinen Kater dabei, wie er seine Krallen am Sessel statt am Kratzbrett schärft, und schimpfst ihn aus. Für ihn bist du eine sehr mächtige, große Katze. Und diese Katze ist böse auf ihn und starrt ihn auch noch wütend an. Würde er nun zurückstarren, würdest du ihn sicher angreifen. So glaubt er. Natürlich möchte er das auf keinen Fall. Also sieht er weg, um dich nicht noch mehr zu reizen.

## Wenn Katzen Theater spielen

Und noch etwas: Manchmal darf man nicht gar so ernst nehmen, was eine Katze «sagt». Sie kann auch im Spiel einen wütenden Buckel machen und die Ohren anlegen. Ein Junge, der Indianer spielt, kann ja auch ein grimmiges Gesicht aufsetzen, ohne deshalb wirklich wütend zu sein. Wenn du mit deiner Katze spielst – vielleicht mit einer alten Socke oder einem Wollknäuel –, setzt sie ein wildes Gesicht auf, schlägt die Krallen in das «Opfer», wirft sich auf die Seite und trampelt mit den Hinterpfoten hinein. Auch wenn sie jetzt wie ein kampflustiges kleines Ungeheuer aussieht, meint sie das nicht ernst. Sie stellt sich einfach vor, das Wollknäuel wäre eine bissige Ratte, die sie zur Strecke bringen muß.

Und woran erkennst du nun, ob deine Katze wirklich Angst hat oder nur «so tut als ob»? Spielende Katzen übertreiben gern. Sie rasen zum Beispiel vor einem herumfliegenden Blatt mit gesträubtem Fell davon, als sei der Teufel hinter ihnen her. Oder sie galoppieren mit Katzenbuckel breitseits auf das Wollknäuel los, als säße da ein riesiger Kater. Was Ernst ist und was Spiel, wirst du schon in kurzer Zeit unterscheiden können.

## Platz mit Aussicht

Eine sehr wichtige Sache im Leben einer Katze sind ihre Ruheplätze. Phönix hat ungefähr fünfzehn Lieblingsplätze, und jeden Monat kommen ein paar neue dazu. Dafür läßt sie ein paar alte wieder sausen. Lieblingsplätze sind für Katzen sehr wichtig.
Ist es denn nicht egal, wo eine Katze schläft, solange sie es einigermaßen bequem hat? Könnte sie nicht genausogut in einer Ecke auf dem Teppich schlafen? Warum muß es im-

**Katzen schlafen sehr viel: zwischen 10 und 16 Stunden am Tag. Sie tanken Energie für ihre Beutejagd. Selbst im Schlaf reagiert das Gehirn auf Gefahren.**

mer der Schrank sein oder die Kommode oder das Bücherregal? Katzen wollen gern die Übersicht behalten. Auch wenn schon ihre Ururgroßeltern bei Menschen in Sicherheit lebten, steckt immer noch ein bißchen Wildkatze in jeder Hauskatze. Und Wildkatzen leben gefährlich. Deshalb brauchen sie unbedingt einen sicheren Ort. Einen Ort, an dem sie jeden Feind schon von weitem sehen können, ohne selbst gesehen zu werden. Einen Ort, der warm und trocken ist und wo sie neue Kräfte sammeln können für die Jagd. Einen solchen Platz möchte eine Katze für sich allein haben. Wenn aber eine zweite Katze in die Wohnung einzieht? Auch die Neue darf diesen Platz benutzen. Aber sie darf es nur dann, wenn Katze Nummer eins nicht da ist. Erscheint sie, macht Katze Nummer zwei meistens freiwillig sofort Platz.

**Genüßlich und voller Vertrauen streckt sich diese Katze im Schlaf entspannt aus.**

## Katzen und Mit-Katzen

Darüber sollten wir noch mal einen Moment nachdenken. Katzen sagen zu anderen Katzen nicht: «In dem Regal über dem Fernseher darf nur ich schlafen und sonst niemand.» Sie sagen: «In dem Regal darf niemand anderes liegen, solange ich dort liegen will.» Ein Verbot unter Katzen gilt also immer nur, solange «der Chef» da ist. Deshalb ist es auch so schwierig, Katzen ein bestimmtes Plätzchen für immer zu verbieten. Die Katze meint natürlich: «Es ist nur dann verboten, Fressen vom Menschentisch zu holen, wenn die Großkatzen da sind. Wenn sie weg sind, ist das Plätzchen mit dem leckeren Fressen frei.»

Mit dem Bett ist es dasselbe: Die Katze bleibt so lange draußen, wie du im Bett liegst. Aber wenn du aufgestanden bist, ist das Plätzchen wieder erlaubt – meint die Katze.

Manche Menschen halten Katzen dann für hinterlistig: «Wenn man zuschaut, gehorchen sie. Ist man weg, tun sie, was sie wollen.» In Wirklichkeit hat die Katze eben nur *das* gelernt, was in ihrer Welt gültig und richtig ist. Sie beansprucht nichts über die Zeit ihrer Anwesenheit hinaus, läßt sich nichts «reservieren». Das ist Katzenklugheit.

## Vorfahrt für die große Katze

Wer in einer Gegend lebt, wo viele Katzen herumstreichen, kann ihre Gesetze genau beobachten.

Da gibt es regelrechte Katzenstraßen, die von allen Katzen

der Gegend benutzt werden. Auch die schwächeren Katzen laufen hier entlang. Aber sie müssen warten oder ausweichen, wenn eine «wichtige» Katze kommt. Katzen haben richtige Vorfahrtsregeln. Aber Vorfahrt hat nicht, wer von rechts kommt. Vorfahrt hat, wer angesehen ist.

# Nicht jeder Tag ist Katzensonntag

Wir Menschen erwarten von Katzen, daß sie nette, lustige Mitbewohner sind. Sie sollen spielen, schnurren und Spaß machen. Aber auch die bravste Katze tut manchmal Dinge, die den Menschen ärgern. Und diesen Ärger läßt er die Katze spüren. Natürlich hält sie dann ein bißchen Abstand von diesem wütenden Zweibeiner. Sicher ist sicher. Das enttäuscht aber wieder den Menschen. Am Ende gibt es also viele Mißverständnisse, obwohl eigentlich jeder nur das Beste wollte.
Wie hat alles angefangen? Wahrscheinlich hat der Mensch von seiner Katze vieles erwartet, was sie gar nicht lernen kann. Oder er hat von ihr Dinge gefordert, die sie gar nicht versteht.

## Die Sache mit dem Klo

Gerade ist deine kleine Katze in ihrem neuen Heim angekommen. Alles ist vorbereitet. Auch ihr Katzenklo ist schon mit sauberer, frischer Streu gefüllt. Wenn sich das Kätzchen einigermaßen beruhigt hat, setzt du es am besten ein paarmal hinein, damit es das krümelige Zeug unter den Pfoten spürt und versteht: «Hier ist es richtig! Hier kann ich mein Häufchen zuscharren.» Denn das tun Katzen mit großer Sorgfalt. Würdest du nur eine Lage alter Zeitungen in die

Kiste legen, wüßte die Katze sicher gar nicht, was sie dort überhaupt soll.
Die meisten Jungkatzen wissen nach so einer deutlichen Anleitung sofort Bescheid. Wenn sie in einer Wohnung aufgewachsen sind, haben sie schon von ihrer Mutter gelernt, was ein Katzenklo ist. Wichtig ist, daß du deine kleine Katze in den ersten Stunden dauernd beobachtest. Wird sie plötzlich unruhig und läuft suchend herum, dann muß sie mal. Jetzt heb sie behutsam hoch und trage sie in ihr Katzenkistchen. Dabei sprichst du freundlich mit ihr. Wenn sie da ihr Häufchen oder ihre Pfütze gemacht hat, lobst du sie, als hätte sie eine Heldentat vollbracht. Sie wird schnell lernen: «Wenn ich in dieser sandigen Kiste mein Geschäft mache, sind die großen Katzen zufrieden mit mir.»
Natürlich kannst du ihr auch zeigen, daß ein bestimmter Winkel im Garten – am besten einer mit lockerer Erde – für sie da ist.

## Wenn es nicht klappt

Manche Kätzchen benehmen sich daneben, obwohl man sich große Mühe gegeben hat. Sie setzen sich nicht in ihr Kistchen, sondern im Wintergarten in den großen Blumentopf. Oder in den Wäschekorb. Oder in die Kartoffelkiste.
Eines darf nun auf keinen Fall passieren: Nie darf man die kleine Katze mit der Nase in die Bescherung stoßen – obwohl das dumme und grausame Leute leider immer noch empfehlen. Das einzige, was die Katze daraus lernen würde: Menschen sind viel stärker als ich und sehr brutal. Wichtig ist allerdings, den Fleck gut auszuwaschen. Am besten mit

Essig, sonst wird die Katze nämlich weiterhin glauben, hier sei ihr Klo.
Aber was war nun falsch? Wie bringt man dem Tier endlich bei, wo es das nächste Mal hingehen soll?
Vielleicht weiß die junge Katze einfach noch nicht, was zu eurer Wohnung gehört und was nicht. Woher soll sie denn wissen, daß der Wintergarten mit der wunderbar weichen Erde nicht «draußen» ist? Alles riecht doch genauso wie im Garten – und dort war es doch erlaubt. Was tun? Am erfolgreichsten: Du beobachtest die Katze genau, und wenn sie gerade ihren krummen Rücken machen will, trägst du sie wieder in ihr Katzenklo und gibst ihr einen Leckerbissen, sobald sie dort ihr Häufchen gemacht hat. Mit Belohnung lernen alle Lebewesen viel leichter als mit Strafe!
Oft genügt es schon, das Katzenklo woanders hinzustellen. Steht es vielleicht an einer Stelle, wo dauernd Leute vorbeilaufen? Katzen werden bei ihren Geschäftchen genauso ungern beobachtet wie Menschen. Oder steht die Toilette direkt neben dem Futternapf? Natürlich haben Katzen ihren Eßtisch nicht gern neben dem Klo. Vielleicht ist das Katzenklo schmutzig und «müffelt»? Katzen legen größten Wert auf Sauberkeit! Ein dreckiges Klo finden sie widerlich und weigern sich, es zu benutzen. Manche Tiere mögen auch eine bestimmte Sorte Katzenstreu nicht. Phönix kann zum Beispiel das Zeug aus dem Supermarkt nicht leiden und setzt ihre Haufen lieber in Erde. Wichtig: Sobald du den «richtigen» Platz gefunden hast, sollte die Kiste unbedingt dort bleiben. Katzen werden nervös, wenn sie es eilig haben und lange das Klo suchen müssen ...

## Katzenlogik

Und wenn es nun immer noch nicht klappt? Wir hatten einmal so eine kleine Katze. Sie hieß Minka. Sie benutzte als Klo viel lieber den dicken, weichen Teppich in meinem Zimmer. Ein paarmal hatte ich sie auf frischer Tat ertappt. Das half nichts. Von da an versteckte sie sich einfach ganz hinten unter dem Schrank, wenn sie mal mußte. Nun mußte Minka für eine Weile in ein anderes Zimmer umziehen. Dort lag nur ein kratziger, harter Kokosteppich. Den mochte sie überhaupt nicht. Auf dem konnte man ja nicht mal scharren. Dann schon lieber dieses Katzenklo! Schon nach zwei Tagen passierte keine Panne mehr.

**Kater markieren ihr Revier: eine deutliche und für Menschennasen ziemlich scharfe Duftmarke.**

Manche Katzen benutzen das Katzenklo deshalb nicht, weil schon eine andere Katze in der Wohnung lebt. Die meisten Menschen erwarten dann, daß «die Neue» von «der Alten» lernt, wie man sich benimmt. Das kann gutgehen. Vor allem dann, wenn der Neuling ein junges Kätzchen ist. Manchmal klappt es aber nicht. Oft wagt sich die neue Katze nicht auf das «Privatklo» der anderen. Die beste Lösung: zuerst einmal jedem Tier sein eigenes Klo hinstellen.

## Wenn uns der Kater stinkt

Kater haben eine Angewohnheit, die uns Menschen nicht gefällt: Sie pinkeln im Stehen an Wände, Bäume oder Zaunpfähle. Im Garten wäre das ja nicht schlimm. Im Haus ist es sehr lästig, weil es stinkt. Dieser Gestank hält sich tagelang! Als Phönix noch nicht kastriert war, lag vor allem im Frühjahr zur Zeit der Katzenhochzeiten dieses für Menschen gräßliche Katerparfüm in der Luft. Die fremden Kater wollten Phönix mit ihrem Duft beeindrucken. Sie wollten ihr Revier markieren und anderen Katern anzeigen: «Achtung, hier herrsche ich!» Jeden Morgen waren unsere Hausecken und ein Holzstoß vorm Haus frisch eingesprüht. Natürlich konnte kein Kater es ertragen, wenn der Geruch eines anderen in der Luft lag. Also pinkelten alle an dieselbe Stelle, um ihren «Duft» darüberzusprühen. Die schönste Stinkschlacht war im Gange.

Natürlich muß man solche bepinkelten Ecken nicht endlos ertragen. Allerdings nützt es nichts, die Stelle mit Wasser und Seife abzuwaschen. Das schwächt den Geruch ab, aber beseitigt ihn nicht. Der nächste Kater, der des Weges

kommt, wird schleunigst frisch drüberspritzen. Also, was tun?
Schon vor 2000 Jahren hat man sich über müffelnde Katerecken geärgert. Die alten Römer rieben die zerstoßenen Blätter der Gartenraute auf solche Stellen, um Katzen wegzuekeln. Ein Tierarzt aus Kanada hat dieses einfache Rezept ausprobiert. Es stimmt, Kater können den Geruch der Gartenraute tatsächlich nicht leiden. Am besten vertreibt man sie mit dem Öl dieser Pflanze. Aber einfacher Essig ist genauso wirksam.

**Sofa und Krallen**

Die meisten Menschen, die eine Katze haben, besitzen auch Polstermöbel. Da sind wir schon beim nächsten Problem: Katzen wollen und müssen täglich ihre Krallen schärfen! Das ist überhaupt keine Bosheit, sondern dringend notwendig. Sie kratzen dabei mit ihren Krallen über Holz oder rauhen Stoff, damit abgenutzte Hornteile abfallen und die Krallen schön spitz und scharf bleiben. Manche Katzenbücher empfehlen, die Krallen vom Tierarzt einfach stumpf schneiden zu lassen, um die Polstermöbel zu schonen. Völlig sinnlos! Die Katze merkt sofort, daß ihre Krallen nicht mehr spitz sind. Auf dem kürzesten Wege läuft sie zum nächsten Sessel, um sie wieder nachzuschärfen.
In Amerika operiert man vielen Katzen die Krallen weg. Bei uns ist diese Tierquälerei verboten. Es ist genauso brutal, als würde man einem Hund alle Zähne ziehen, damit er nicht mehr beißen kann. Katzen ohne Krallen sind völlig hilflos. Sie können nicht mal mehr auf einen Baum klettern, wenn

ein Hund sie verfolgt. Sie können sich auch gegen andere Katzen nicht mehr verteidigen. Und sie können natürlich keine einzige Maus mehr fangen. Eine Katze ohne Krallen ist ein Krüppel!

## Basteln für die Katze

Trotzdem muß man nicht untätig zusehen, wie die Katze die Sessel in Fetzen reißt. Sie muß zwar kratzen, aber nicht an den Möbeln. In jeder Tierhandlung gibt es Kratzbäume zu kaufen. Du kannst so etwas aber auch ganz leicht selbst basteln, wenn dir jemand hilft.

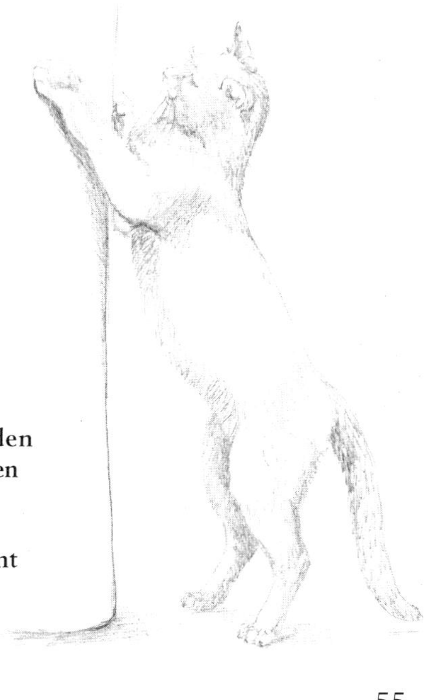

**Das Krallenschärfen probieren Katzen gern an allen Gegenständen und Möbeln, ob es dem Menschen gefällt oder nicht. Ein Kratzbrett (selbst gebastelt oder aus dem Geschäft) ist praktisch und schont eure Möbel.**

Spanne ein Stück rauhen Stoff oder einen Teppichrest auf ein Brett! Es sollte ungefähr so lang sein wie eine ausgewachsene Katze von der Nase bis zur Schwanzspitze. Das bespannte Brett muß so an der Wand befestigt werden, daß die Katze es beim Kratzen nicht umwerfen kann. Jedesmal, wenn deine Miez an einer verbotenen Stelle kratzt, hebst du sie freundlich hoch, trägst sie zum Kratzbrett und legst ihre Vorderpfoten darauf. Sehr wichtig, daß du sie jedesmal unterbrichst, wenn sie an falscher Stelle kratzt! Bringst du deine Katze nur dann zum Kratzbrett, wenn du gerade Lust hast, gibt es Mißverständnisse. Sie wird dann glauben, daß die Sessel nur an manchen Tagen verboten sind. Oder nur nach dem Mittagessen. Oder nur, wenn die Sonne scheint. Was auch immer sie denkt: Sie kann sich an das Kratzbrett nicht gewöhnen, wenn du sie nicht beharrlich dazu erziehst. Mit einem Trick geht die Eingewöhnung am besten: Katzen sind verrückt nach Katzenminze. Wenn du mit Katzenminzblättern über das Kratzbrett reibst, wird die Katze es unwiderstehlich finden. Sollte sie trotzdem ab und zu ihre Krallen an den Möbeln wetzen, fauch sie einfach an. Phönix hat unser Fauchen immer richtig verstanden. Zum Glück schlägt sie ihre Krallen sowieso viel lieber in Bäume und Zaunpfähle als in unser Sofa.

## Niemals zerren!

Hochheben: Das klingt so einfach und wird trotzdem oft falsch gemacht. Yola, die Freundin unserer Tochter, greift jeder Katze einfach unter den Bauch. Aber Phönix gefällt das überhaupt nicht. Wem gefällt es schon, wie eine

Niemals eine Katze am Nackenfell hochnehmen! Eine Hand stützt das Hinterteil, die zweite den vorderen Körper. Katzen müssen natürlich besonders zart und vorsichtig hochgehoben werden. Aufpassen, daß die Katze nicht vom Arm zappelt und unglücklich fällt!

Quietschpuppe auf den Bauch gedrückt zu werden? Viele Leute heben eine Katze am Nackenfell hoch. Die Katzenmütter machen das mit ihren Kindern zwar auch. Aber nur, solange die Babys noch sehr klein sind. Für eine erwachsene Katze ist der Nackengriff unangenehm und schmerzhaft. Sie ist zu schwer dafür. Am besten, du greifst die Vorderbeine der Katze mit einer Hand, mit der anderen stützt du ihre Hinterbeine. So kann sie bequem auf deinem Arm sitzen und muß nicht herunterhängen wie ein schlaffer Sack.
Und dann gibt es noch Leute, die auf keinen Fall eine Katze herumtragen dürfen: deine kleinen Geschwister. Ich habe dreijährige Kinder mit Kätzchen spielen sehen. Sie packten die Tiere irgendwo ganz grob, schleppten sie eine Weile herum und ließen sie dann plötzlich fallen, als es ihnen langweilig wurde ...
So etwas wäre gar nicht möglich, wenn Katzen nicht so unendlich freundlich mit kleinen Kindern umgehen würden. Immer darf man sich natürlich nicht darauf verlassen. Irgendwann verliert auch die freundlichste Katze die Geduld. Das kann dann mit schlimmen Kratzern enden. Ganz wichtig also: Kleinkinder und Katzen sollten nur unter Aufsicht zusammensein.

## Unsitten am Katzentisch

Katzen sind Gewohnheitstiere. Wenn sie bestimmte Dinge einmal gewohnt sind, lassen sie sich schwer wieder davon abbringen. Sind sie gewohnt, zum Katzenklo und zum Kratzbrett zu gehen, bleiben sie dabei. Wie praktisch! Manchmal können Gewohnheiten aber auch zum Problem werden. Zum Beispiel dann, wenn es ums Futter geht. Besonders eigenwillige Katzen fressen lieber gar nichts, als daß sie ungewohntes Futter anrühren. Mit einer List kann man trotzdem ein bißchen Abwechslung schaffen: In das vertraute Futter wird zuerst ganz wenig, dann immer mehr «neues» Katzenessen gemischt. Die Katze merkt dann nicht so genau, daß sie längst nicht mehr den alten Mampf, sondern etwas ganz Neues zu sich nimmt.

Mit demselben Trick kannst du auch versuchen, eine allzu gefräßige Katze wieder in Form zu bringen: Gib ihr jeden Tag etwas weniger Futter. Nach einer Weile ißt sie schließlich nur noch soviel, wie sie vernünftigerweise essen darf.

Wann ist eine Katze zu dick? Eine erwachsene Hauskatze kann drei bis fünf Kilo schwer sein. Es kommt ganz darauf an, ob sie groß oder klein, eher ein stämmiger oder ein zierlicher Typ ist. Wenn sie aber sehr viel mehr wiegt, braucht sie Diät. Übrigens ist Katzenwiegen ganz einfach. Man stellt sich zuerst mit der Katze im Arm auf die Waage und dann noch einmal ohne Katze. Jetzt mußt du ein bißchen rechnen: Ziehe das kleinere Gewicht vom größeren ab, und du weißt, wie schwer deine Katze ist. Manche Katzen haben auch nichts dagegen, einfach auf die Waage gesetzt zu werden.

## Katzendiät

Wahrscheinlich ist eine dicke Katze zuerst sehr unzufrieden, wenn sie sich nicht wie bisher den Bauch vollschlagen darf. Wenn sie bettelt, probier es doch mal mit Ablenkung. Phönix bettelt zum Beispiel oft, wenn sie sich bloß langweilt und nicht weiß, was sie unternehmen soll. Sobald man mit ihr spielt, hat sie den Riesenhunger vergessen. Ich gebe zu: Auch ich hole mir manchmal aus purer Langeweile ein Stück Schokolade aus dem Schrank!

## Vogelscheuche?

Es sind schon gute Nachbarn in Streit geraten, weil der eine Vögel liebt, der andere eine vogelfangende Katze hat. Zum Glück sind Katzen keine geschickten Vogeljäger. Als geborene Mäusejäger benehmen sie sich nämlich meistens falsch,

**Auch Katzen können zu fett werden. Eine abwechslungsreiche und ausgewogene Ernährung sollte verhindern, daß die Katze zu dick und damit unbeweglicher wird.**

wenn sie Vögel jagen wollen. Katzen haben es «im Blut», geduldig zu lauern, bis die Maus weit genug vom Schlupfloch entfernt ist. Erst dann packen sie zu. Wenn sie einen Vogel genauso geduldig belauern, ist der längst weggeflogen, bevor sie zupacken können. Oft schleppen Katzen auch Vögel nach Hause, die sie gar nicht selbst erjagt haben. Diese Tiere haben sich an Fensterscheiben den Hals gebrochen oder sind an ein Auto geprallt. Die Katze hat sie nur aufgelesen. Und wir rechnen es auf ihr Schuldkonto.
Manche Katzen aber wissen ganz gut, daß man Vögel anders jagen muß als Mäuse. Solche Katzen sind selten. Aber es gibt sie. Wenn man ihnen ein Glöckchen um den Hals bin-

**Katzen jagen nicht nur Mäuse. Leider kriegen sie auch manchmal junge oder kranke Vögel. Im Garten die Vogeltränke oder das Futterhaus immer so aufstellen, daß die Katze schwer herankommt.**

det, werden zwar die Vögel rechtzeitig gewarnt. Aber sie verlieren deshalb noch nicht die Angst vor der Katze. Auch ein bimmelnder Kater ist für ein Rotkehlchen immer noch furchterregend. Wo eine Katze durch den Garten streift, werden kaum noch Vögel brüten.

## Katze hinter Gittern?

Vogelschutzverbände raten oft, die Katze ins Haus zu sperren, solange die Vögel brüten oder ihre Jungen füttern. Wer jemals eine Katze hatte, der weiß: So etwas klappt nie! Eine Katze findet immer eine angelehnte Tür, durch die sie doch noch entwischen kann. Außerdem: Wenn sie Freiheit gewöhnt ist, wird sie es entsetzlich finden, wochenlang nicht mehr in den Garten zu können. Trotzdem sollen die jungen Vögel natürlich einigermaßen sicher sein. Bäume, auf denen Vögel brüten, kann man mit einem «Katzenabwehrgürtel» aus stacheligen Metallstäben schützen. Solche Gürtel gibt es oft in Geschäften für Gartenbedarf. Bei dünneren Stämmen genügt es schon, rings um den Stamm Reisig so festzubinden, daß die Zweige nach unten zeigen und sich der kletternden Katze entgegenstellen.
Trotzdem wird die Katze irgendwann einmal stolz mit einem toten Vogel ins Haus kommen. Natürlich tut uns der Vogel leid, aber woher soll die Katze wissen, daß Mäusejagen erlaubt ist, Vögeljagen aber verboten? Freunde von uns haben versucht, ihrer Katze die Vogeljagd abzugewöhnen. Sie hatten wenig Erfolg: Jetzt lauert die Katze eben nur noch auf Vögel, wenn keiner zusieht. Es hat genausowenig Zweck, deiner Miez zu erzählen, daß sie die Hamster, wei-

ßen Mäuse, Wüstenrennmäuse oder Wellensittiche nicht aus dem Käfig holen darf. Wirklich sicher sind solche kleinen Tiere nur dann, wenn sie außer Reichweite der Katze untergebracht sind.

## Todesfallen

Wem die Katze gefährlich werden kann, wissen wir nun. Was alles aber kann der Katze gefährlich werden?
Gerade neugierige Jungkatzen lieben es, alle möglichen Dinge zu beknabbern. Wenn sie dann ein Kabel erwischen, das unter Strom steht, geht das tragisch aus. Wenn niemand auf die Katze aufpassen kann, sollte man also die Stecker aus der Wand ziehen.
Aber jungen Katzen fallen noch mehr Dummheiten ein: Sie legen sich in der halbvollen Waschmaschine zum Schlafen oder verstecken sich in geöffneten Schubladen. Eine Familie mit einer jungen Katze muß es sich zur Gewohnheit machen, zuerst einen Blick in Schränke, Kellerräume, Kommoden zu werfen, bevor man die Türen schließt.
Auch Zimmerpflanzen sind vor Katzen nicht sicher. Pflanzen? Aber Katzen sind doch keine Vegetarier! Das stimmt, aber sie essen manchmal gern Grashalme. Das brauchen sie für ihre Verdauung. Wenn keine Grashalme da sind, nagt die Katze eben an Zimmerpflanzen. Vorsicht! Es gibt ein paar Arten, die für Katzen absolut giftig sind. Zum Beispiel Mistelzweige (zu Weihnachten sehr beliebt), Weihnachtsstern (und andere Wolfsmilcharten), Dieffenbachie, Efeu, Philodendron, Alpenveilchen, Kaladie, Oleander, Korallenkirsche, Azaleen, Rhododendron und Kirschlorbeer.

Ebenso gefährlich sind herumliegende Stecknadeln oder ein offener Strickkorb. Eine verspielte Katze kann die Nadeln verschlucken oder sich mit den Wollfäden erwürgen. Auch Farbtöpfe oder Chemikalien dürfen auf keinen Fall offen herumstehen. Katzen sind nun mal neugierig. Sie müssen den neuen Topf unbedingt untersuchen, tauchen ihre Pfote hinein oder werfen ihn versehentlich sogar um. Eine Katze, deren Fell mit Farbe verschmiert ist, hat aber nichts Eiligeres zu tun, als sich zu putzen. Und Farbe im Katzenmagen ist natürlich gefährlich.

Was tun, wenn sie farbverkleistert vor dir sitzt? Du mußt sie wohl oder übel waschen. Weil Katzen das Baden überhaupt nicht schätzen, mußt du mit einem Trick arbeiten: Du steckst die bekleckerte Miez vorsichtig so in einen Stoffsack, daß nur noch der Kopf herausschaut. Am Hals bindest du den Sack zu. Jetzt kannst du sie im Sack «einweichen», ohne daß du allzu viele Schrammen abbekommst.

Auch ein gepflegter Garten ist nicht ohne Gefahren für den Stubentiger. Viele Leute haben heute eine Regentonne, um mit dem Wasser die Beete gießen zu können. Den Katzen macht es oft Spaß, auf dem Rand entlangzubalancieren. Vielleicht wollen sie auch aus der Tonne trinken? Jedenfalls sind schon viele Katzen in solchen Tonnen ertrunken, wenn sie hineinfielen und nicht mehr zum Tonnenrand hinauflangen konnten. Auch Vögel können in Regentonnen ertrinken. Jede Tonne sollte deshalb einen Schutzdeckel haben. Das hat noch andere Vorteile: Stechmücken können dann in eine solche Tonne auch keine Eier mehr legen!

**Katzen sind geschmeidig und können gut klettern. Allerdings kommen sie den Baum viel leichter hinauf als wieder hinunter.**

## Gift im Garten – Gift für Katzen

Auch wenn Mäuse noch so lästig sind: Gift muß absolut verboten sein. Selbst dann, wenn die Katze es nicht erreichen kann. Einer torkeligen, halbtoten Maus kann sie natürlich nicht widerstehen, und schon ist das Gift in ihrem Bauch. Gifte gegen Moos oder Löwenzahn schaden nicht nur Pflanzen, sondern auch Tieren, die sie fressen. Es genügt schon, wenn die Katze sich im vergifteten Gras wälzt und danach ihr Fell ableckt. Wie auch immer: Gift hat in einem Garten, in dem eine Katze herumläuft, nichts zu suchen. Und nicht nur da! In keinem Garten!

Mindestens so gefährlich wie Regentonnen sind Kippfenster. Phönix hat sie schon schmerzhaft kennengelernt: Sie wollte unbedingt ins Haus zu ihrem Freßnapf. Aber keiner war da, um ihr aufzumachen. Und dann war da ja noch dieses gekippte Fenster! Sie versuchte, sich durch den Spalt zu zwängen, rutschte ab und hing mit den Beinen in der Luft hilflos im Fenster. Nach einer Stunde hörten die Nachbarn endlich ihr Schreien und befreiten sie. Sie hat Glück gehabt!
Der Kater eines Freundes ist eingeklemmt in einem Kippfenster gestorben. Er hatte sich immer tiefer selbst in den Spalt hineingestrampelt und sich dabei innerlich tödlich verletzt.
Wer in der Stadt in einem höheren Stockwerk wohnt, muß Fenster besonders gut absichern: Katzen sind zwar schwindelfrei und klettern gut. Aber auf einem glatten Fenstersims aus Blech kann sich auch die geschickteste Katze nicht richtig festhalten. «Macht nichts», sagen manche Leute, «Katzen fallen ja auf die Füße.» Das stimmt. Aber welche Füße halten einen Sturz aus dem fünften Stock aus? Wenn die Katze großes Glück hat, kommt sie mit ein paar Knochenbrüchen davon.

## Wenn Katzen kränkeln

Natürlich können Katzen auch mal krank werden. Sie sind – wie jeder weiß – sehr zähe Tiere. Meistens werden sie mit Krankheiten und Verletzungen ganz gut selbst fertig. Aber durchaus nicht immer.
In vielen Katzenbüchern wird beschrieben, woran man welche Krankheit erkennen kann. Aber wir meinen, es ist im-

mer besser, zum Tierarzt zu gehen, wenn die Familie merkt, daß etwas mit der Katze nicht stimmt. Und da gibt es ein paar Dinge, auf die man leicht achten kann.
Was tun, wenn deine Katze nicht fressen will? Wenn sie sich sonst normal benimmt, hat sie vielleicht beim Nachbarn etwas bekommen und ist schon satt. Oder das Futter im Freßnapf ist verdorben. Keine Katze würde so etwas anrühren. Trotzdem muß man ein Tier im Auge behalten, das keinen Appetit hat. Wenn die Katze sich hungrig vor den Freßnapf setzt, dann aber nicht fressen kann, hat sie vielleicht Zahnschmerzen. Wirkt sie schlapp und müde, könnte sie eine entzündete Wunde haben. So etwas passiert zum Beispiel,

**Wenn eine Katze krank ist, merkt man das schnell an ihrem lustlosen, niedergeschlagenen Verhalten. Fell, Augen und Nase sind dann oft krankhaft verändert. Die Katze zieht sich zurück und gibt vielleicht Schmerzlaute von sich.**

wenn Katzen miteinander kämpfen. Verschorfte Hautstellen können aber auch von einer Hautkrankheit stammen oder aufgekratzte Flohstellen sein. Eine Katze, die sich (mehr als nur einmal) erbricht und Durchfall hat, muß zum Arzt. Ebenso Tiere, die sehr viel trinken. Sie haben vielleicht Probleme mit den Nieren. Und wenn deine Katze unregelmäßig, zu schnell oder rasselnd atmet, nicht lange abwarten. Es kann schnell zu spät sein.

## Plagegeister

Katzen, die sich sehr viel kratzen, können Läuse, Flöhe, Milben oder Ekzeme (ein Ekzem ist ein Hautausschlag) haben. Wenn eine Katze abmagert, obwohl sie normal frißt, hat sie wahrscheinlich Würmer. Das ist weiter nichts Schlimmes. Tiere, die frei herumlaufen, ab und zu Mäuse fangen und andere Katzen treffen, bekommen immer wieder Würmer. Am Durchfall oder einem aufgeblähten Bauch erkennst du es am besten.
Flöhe und Würmer sind natürlich lästig. Du wirst wahrscheinlich vom Tierarzt ein Mittel bekommen, das du deiner Miez ins Maul bringen mußt. Katzen mögen das natürlich nicht: Sie werden nicht gern hart angefaßt, und lecker ist das Wurmmittel wohl auch nicht. Versuch doch mal, ob du das Mittel in besonders gutes Futter mischen kannst. Phönix frißt ihr Wurmmittel ohne weiteres, wenn ich das Zeug in Rinderherzstückchen «verstecke».
Woran auch immer deine Katze leidet: Wichtig ist, daß du sie nicht aus dem Haus läßt, bis der Tierarzt sie untersucht hat. Ein krankes Tier versteckt sich am liebsten in irgend-

einem Winkel. Und das wäre jetzt natürlich überhaupt nicht gut. Also: Auch wenn sie noch so sehr maunzt, sie darf dann nicht in den Garten!
Bevor ihr zum Tierarzt fahrt, muß die Katze unbedingt in einen Transportkäfig. Schon viele Leute haben ihre Katze verloren, weil sie auf dem Weg zum Tierarzt Angst vor einem Hund bekam und vom Arm sprang. Ich weiß: Deine Katze mag den Käfig nicht. Außerdem kostet er viel Geld. Trotzdem ist er sehr wichtig. Stell dir vor, wie dir zumute wäre, wenn dir deine Katze auf dem Weg zum Tierarzt weggelaufen wäre.

## Urlaub mit oder ohne?

Der Transportkäfig ist auch nützlich, wenn die Katze mal die Wohnung wechseln muß, zum Beispiel, wenn die Familie Urlaub macht.
Urlaub ist etwas Schönes. Allerdings selten für die Katze. Für sie ist es oft am allerbesten, wenn sie in der gewohnten Umgebung bleiben kann und sich jemand gut um sie kümmert. Es genügt natürlich nicht, wenn dieser Jemand die Katze nur füttert und das Katzenklo putzt. Er muß auch mit ihr spielen und sie streicheln. Eben mit ihr zusammenleben. Besonders junge Katzen brauchen viel Gesellschaft. Sie wandern sonst aus – zu Leuten, die sich ständig liebevoll um sie kümmern.
Aber nicht immer findet sich ein Katzensitter. Kann man Katzen nicht auch mit in den Urlaub nehmen? Wenn die Katze ihre Menschen sehr mag, kann das gutgehen. Lange Auto- oder Bahnfahrten sind für die meisten Katzen aller-

dings eine Quälerei. Außerdem kann man mit einer Katze im Gepäck Probleme an den Grenzen bekommen. Grenzbeamte verlangen oft Impfzeugnisse. Man muß sich vorher genau erkundigen, an welcher Grenze was verlangt wird.

## Katze mit Nummernschild

Habt ihr euch entschlossen, sie mitzunehmen? Falls sie noch nicht tätowiert wurde, ist es jetzt höchste Zeit dafür. Tätowieren geht so: Der Tierarzt stempelt mit Farbe und feinen Nadeln an die Innenseite beider Ohren Nummern, die nie mehr abgehen. Keine Angst, er betäubt die Katze vorher! Sie hat dabei also keine Schmerzen. Der Arzt sagt euch dann auch, was ihr tun müßt, damit die Tätowiernummer und deine Adresse beim «Haustierzentralregister» aufgeschrieben werden. Diese Nummern in den Ohren sind auch dann wichtig, wenn die Katze nicht verreisen soll: Eine tätowierte Katze wird nicht so leicht gestohlen! Sicherheitshalber bekommt sie noch ein Halsband, auf dem ihre Tätowiernummer, die Telefonnummer des Haustierregisters und eure Urlaubsadresse stehen. Wichtig ist, daß du nicht irgendein Halsband, sondern ein Sicherheitshalsband kaufst. An dem kann sich die Katze nicht erhängen. Solche Halsbänder gibt es in jedem Tiergeschäft.
Nun ist deine Katze einigermaßen sicher. Wenn sie sich doch einmal verlaufen sollte, kann jeder die Adresse und die Nummer in den Katzenohren oder am Halsband lesen. Er wird dann bei euch anrufen. Oder er kann beim Haustierregister nachfragen, wem die Katze gehört.
Auch wenn dir selbst mal eine Katze zuläuft: Sieh zuerst in

ihre Ohren. Ist eine Nummer drin? Oder trägt sie sogar ein Halsband, auf dem eine Nummer notiert ist? Wenn du beim Haustierregister anrufst, kannst du erfahren, wem die fremde Katze gehört. Telefonnummer und Adresse des Haustierregisters findest du am Schluß dieses Buches.

Deine Katze ist tätowiert und ist wohlbehalten am Urlaubsort angekommen. Wie geht es weiter? Ein paar Tage lang sollte Miez lieber nicht ins Freie. Sie fühlt sich in der fremden Umgebung noch unruhig und unsicher. Wenn sie vor

**Tätowierte Katzen werden nicht so leicht gestohlen! Auf ihrem Halsband sollte eure Adresse stehen, falls das Kätzchen einmal verlorengeht.**

etwas erschrickt, könnte sie sich verlaufen. Nach ein paar Tagen Eingewöhnung darf sie mit dir hinaus. Ein Trick: Geh die ersten Tage nur mit der hungrigen Katze in den Garten oder nach draußen. Du kannst sie dann mit ihrem Futterpfiff wieder ins Haus rufen.
Nicht jede Katze gewöhnt sich leicht und schnell an ein fremdes Haus und einen fremden Garten. Phönix fühlt sich einigermaßen sicher. Wir kennen uns ja auch schon lange. Auch deine Katze solltest du erst dann irgendwohin mitnehmen, wenn sie dich gut kennt und dir völlig vertraut! Aber selbst dann mußt du in fremder Umgebung gut auf sie aufpassen. Viele Katzen gehen sogar zu Hause verloren: Sie werden von Kindern mit auf den Spielplatz getragen, damit die Freunde sie ansehen können. Alle bewundern das niedliche Tier, aber nach einer Weile vergißt man Miez und spielt etwas anderes. Die Katze wird unruhig auf dem unbekannten Platz, wo alles so fremd riecht. Irgendwann versucht sie, den Weg nach Hause allein zu finden. Und verschwindet vielleicht für immer! Wenn dir Leute Wundergeschichten erzählen von Katzen, die viele, viele Kilometer den Rückweg zu ihrem alten Haus gefunden haben, so ist das nur ausnahmsweise wahr. Solche Glückspilze mag es zwar manchmal geben, aber die meisten Kätzchen verirren sich hoffnungslos, wenn sie in einer fremden Gegend allein gelassen werden.

## Katze als Pensionsgast

Ein Urlaub mit Katze ist also gar nicht so einfach. Da sind zuverlässige Katzenpensionen manchmal doch die bessere Lösung.

Dem Tier fällt der Umzug in die Pension etwas leichter, wenn man ihm die gewohnte Katzendecke mitgeben kann.
Woran erkennt man eine gute Tierpension? In den meisten Fällen geben sich die Leute große Mühe. Sie wollen, daß ihre «Kunden» zufrieden sind und nächstes Jahr wiederkommen. Wenn ihr auf ein paar Dinge achtet, ist es gar nicht so schwierig, eine gute Pension zu finden. Fragt man euch gleich, ob eure Katze gegen alle möglichen Krankheiten geimpft ist? Das ist ein gutes Zeichen: Die Leute von der Katzenpension wollen nicht, daß sich die Katzen gegenseitig anstecken. Beruhigend ist auch, wenn die Katzenabteile groß genug sind. Deine Miez muß sich schließlich bewegen können! Und sauber müssen sie unbedingt auch sein. Wenn eine Katze für ein paar Wochen in so eine Pension ziehen soll, ist es gut, wenn sie nicht zu heikel ist. Die Tierpfleger dort können natürlich nicht jeder Katze ihr Leibgericht zubereiten. Wenn sie allerdings – vom Tierarzt verordnet – eine bestimmte Diät fressen muß, dann werden die Leute der Tierpension sicher hilfsbereit sein.
Eine gute Katzenpension sollte auch eng mit einem Tierarzt zusammenarbeiten, damit sofort Hilfe da ist, wenn trotz aller Vorsicht einmal ein Tier krank wird.
Aber auch die beste Pension kann der Katze ihr Zuhause nicht ersetzen. Und denk immer daran: Du kannst ihr überhaupt nicht begreiflich machen, daß diese Trennung nur vorübergehend ist. Die Katze weiß ja nicht, daß du zurückkommst. Sie wird darum traurig und ein bißchen verstört sein.

## Was man Katzen so alles andichtet

Erstaunlich, was Katzen im Märchen alles können! Sie tragen Kleider, geben den Menschen gute Ratschläge und versorgen sie sogar mit Essen. Warum nur benehmen sich Katzen im Märchen, als wären sie Menschen? Jeder weiß doch, daß Tiere keine Stiefel tragen.
Es muß wohl daran liegen, daß im Märchen alles möglich ist: sogar ein gestiefelter Kater.
Katzen sind klug, dafür gibt es viele Beispiele. Unsere Phoenix kann zum Beispiel das Motorengeräusch unseres Wagens von anderen unterscheiden. Sie erkennt unsere Schritte im Treppenhaus. Und sie weiß auf einen Blick schon von weitem, welche Katze Freund und welche Feind ist.
Sie hat also viel über uns gelernt. Aber trotzdem: Ist sie deshalb klug?
Klug wie ein Mensch?
Nein, sie ist auf ihre kätzische Art klüger. Denn sie lebt in ihrer Welt vergleichsweise friedlich. So tobsüchtige Kriege, wie Menschen sie untereinander austragen, gibt es nicht. In der Katzenwelt nicht und auch bei keiner anderen Tierart. Sind Katzen nur deshalb dümmer als Menschen, weil sie zum Beispiel nicht Auto fahren können? Oder klüger, weil sie kein Auto brauchen? Darüber kann man nachdenken.

## Katzen als Heilige

Vor ungefähr dreitausend Jahren haben Menschen den Katzen besondere Verehrung gezeigt. Im alten Ägypten waren Katzen heilig. Die Verstorbenen wurden einbalsamiert wie die Pharaonen, die ägyptischen Könige. Sie wurden feierlich beerdigt. Wer eine Katze tötete, und sei es nur versehentlich, mußte mit schwerer Strafe rechnen. Die Tiere galten als so wertvoll, daß es streng verboten war, sie außer Landes zu bringen. Wer es trotzdem versuchte und dabei erwischt wurde, bekam ebenfalls schwere Strafen. Entdeckte man trotz aller Vorsichtsmaßnahmen eine Katze im Ausland, setzte man alles daran, sie nach Ägypten zurückzuholen.
Schwer zu sagen, warum die Katzen im alten Ägypten so hoch angesehen waren. Vielleicht lag es daran, daß Katzen die «Herrscher über den Hunger» waren. Sie allein konnten eine drohende Mäuseplage in den großen ägyptischen Ge-

treidespeichern verhindern. Sie hatten gewaltige Macht. Macht über Leben und Tod.
Es kann aber auch sein, daß sich Menschen früher mehr Zeit nahmen, Katzen zu beobachten. Kein Wunder, daß sie bald überzeugt waren, Katzen seien etwas Besonderes. Eine schlafende Katze verbreitet himmlische Ruhe. Der berühmte griechische Denker Sokrates soll gesagt haben, der Schlaf der Katze ist heilig.

## Satansbraten

Im Mittelalter – sagen wir vor ungefähr 800 Jahren – hatten die Katzen einen ganz schlimmen Ruf. Die Priester erklärten dem Volk, diese Tiere seien oft mit dem Teufel im Bunde. Sie brächten den Menschen Unglück und Tod.
Die Menschen im Mittelalter haben aber nicht nur schlecht

von Katzen gedacht und geredet. Im Namen der Kirche wurden sie sogar vor Gericht gestellt und verbrannt. Zusammen mit unschuldigen Frauen, die angeblich Hexen sein sollten.
Wie konnten Menschen überhaupt so einen grausamen Blödsinn glauben?
Nun, man hatte panische Angst vor dem Dunkeln. So wie sich heute noch sehr kleine Kinder vor der Dunkelheit fürchten. Man glaubte, das Böse sei der Teufel. Und der Teufel lauere im Dunkeln. Wegen ihrer guten Augen finden aber gerade Katzen sich im Dunkeln sehr gut zurecht. Und darum glaubten die Kirchenmänner tatsächlich, Katzen seien mit dem Teufel im Bunde. Grund genug, die Katzen zu «verteufeln». Das Geheimnisvolle, der Freiheitsdrang, die Selbständigkeit der Katze hatten die klugen Ägypter verehrt. Die mittelalterlichen Menschen fühlten dagegen nur dumpfe Angst und Mißtrauen. Aus Mißtrauen wurde Haß.

Aus Haß wurde Totschlag und Folter. Auch heute noch glauben dumme Menschen an Spuk, Teufel, böse Geister.

## Schwarze Katze um Mitternacht

Dieser Aberglaube ist nicht totzukriegen. In der Lüneburger Heide, wo ich aufgewachsen bin, nagelten Bauern in einsamen Gegenden noch vor wenigen Jahren Katzenschwänze oder Eulenflügel an die Stalltüren. Mit diesem brutalen Quatsch sollten böse Geister ferngehalten werden.

Ihr kennt vielleicht auch die gruselige Stelle aus Tom Sawyers Abenteuern von Twain. Dort wird folgendes Mittel gegen Warzen empfohlen: «Nimm eine tote Katze um Mitternacht mit auf den Friedhof und warte beim frischen Grab eines Gottlosen. Zwischen Mitternacht und ein Uhr wird der Teufel erscheinen, um den Leichnam abzuholen. Wirf

die Katze dem Teufel nach und rufe: Teufel, folge der Leiche, Katze folge dem Teufel, Warze folge der Katze, ich habe genug von dir.» Schön schaurig und schrecklich blöd. Aber diese Geschichte aus Amerika ist ja auch schon mehr als hundert Jahre alt.
Zu allen Zeiten gab es Geschichten, Märchen und Legenden, in denen Katzen sich wie gute oder schlechte, wie dumme oder kluge Menschen betragen. An diesen Geschichten merkt man genau, wie beliebt oder verhaßt Katzen gerade waren.
Heute wissen wir natürlich, daß Katzen weder heilig noch teuflisch sind. Sie sind Katzen. Und so sind sie erstaunlich genug …

## Der weise Grande

Es schadet nichts, wenn man in seiner Katze etwas Besonderes sieht. Jeder Katzenfreund hat da seine eigene Geschichte auf Lager.
Meine Geschichte möchte ich zu allen anderen Geschichten dazugeben: Als ich Student war, lebte ich eine Zeitlang in Hamburg-Lokstedt in einem Studentenwohnheim. Dort gab es einen wuchtigen, ein bißchen zu fetten Kater. Er hieß Grande. Das Studentenwohnheim steht nämlich im Grandweg, und außerdem heißt «Grande» im Spanischen so etwas wie «vornehmer Herr».
Grande war ein sehr würdiger Kater. Er blieb selbst dann völlig gelassen, wenn um ihn herum alle aufgeregt und ziemlich verrückt waren. Das war schon erstaunlich genug. Aber das Merkwürdigste war, daß jeder Student, der neu in

das Wohnheim kam, zuerst Grande vorgestellt wurde. Grande konnte angeblich erkennen, ob der Neue ein vertrauenswürdiger Mensch war oder nicht. Ich hatte Glück: Grande fand mich ganz in Ordnung. Natürlich glaubte ich nicht, daß der Kater tatsächlich die Guten von den Bösen unterscheiden konnte.
Eines Tages passierte etwas Auffälliges: Als ein neuer Student kam, fauchte ihn Grande böse an. Alle lachten. Als aber wenig später der Student (der gar keiner war) urplötzlich verschwand, und mit ihm viele, viele Geldbörsen, Schallplatten und wertvolle Zeichnungen, da lachte niemand mehr. Grande hat es von Anfang an gewußt, sagten alle.
Ob er es wirklich gewußt hat? Vielleicht hatte der falsche Student eine Hose an, die zufällig nach Hund roch? Oder er hat den Kater unhöflich angestarrt? Mir ist an dieser wahren Geschichte vom Studentenkater Grande etwas klargeworden: So ungefähr müssen früher Märchen oder Legenden entstanden sein! In einer Zeit, in der man noch abergläubisch war, hätte man gesagt: Dieser Kater hat das «Zweite Gesicht». Das heißt, er kann hinter einem Gesicht das wahre Gesicht, das Wesen eines Menschen, erkennen. Vielleicht hätte man auch gesagt: Der Kater ist mit dem Teufel im Bunde. Was Grande damals aber wirklich veranlaßt hat zu fauchen, bleibt sein Geheimnis. Und niemand wird das jemals erfahren.
Manchmal frage ich mich, welche Märchen die Katzen wohl über uns dichten möchten: Würden wir als Monster erscheinen? Als Riesen in rasenden Blechkisten (wegen unserer Autos)? Oder als bösartige Superkatzen: Tiger und Panther? Man weiß es nicht. Großes Katzengeheimnis!

# Katzen im Spiegel der Dichter

## E.T.A. Hoffmann
## Was ist dagegen die Sprache des Menschen

Aufs neue, aber sanfter als vorher, faßten mich zwei Hände und legten mich auf ein warmes weiches Lager. Immer besser und besser wurde mir zumute und ich begann mein inneres Wohlbehagen zu äußern, indem ich jene seltsame, meinem Geschlecht allein eigene, Töne von mir gab, die die Menschen durch den nicht unebenen Ausdruck, spinnen, bezeichnen. So ging ich mit Riesenschritten vorwärts in der Bildung für die Welt. Welch ein Vorzug, welch ein köstliches Geschenk des Himmels, inneres physisches Wohlbehagen ausdrücken zu können durch Ton und Gebärde! – Erst knurrte ich, dann kam mir jenes unnachahmliche Talent den Schweif in den zierlichsten Kreisen zu schlängeln dann die wunderbare Gabe durch das einzige Wörtlein «Miau» Freude, Schmerz, Wonne und Entzücken, Angst und Verzweiflung, kurz alle Empfindungen und Leidenschaften, in ihren mannigfaltigsten Abstufungen auszudrücken. Was ist die Sprache des Menschen gegen dieses einfachste aller einfachen Mittel sich verständlich zu machen! – Doch weiter in der denkwürdigen, lehrreichen Geschichte meiner ereignisreichen Jugend!

Ich erwachte aus tiefem Schlaf, ein blendender Glanz umfloß mich, vor dem ich erschrak, fort waren die Schleier von meinen Augen, ich sah!

Ehe ich mich an das Licht, vorzüglich aber an das buntscheckige Allerlei das sich meinen Augen darbot, gewöhnen konnte, mußte ich mehrmals hintereinander entsetzlich niesen, bald ging es indessen mit dem Sehen ganz vortrefflich, als habe ich es schon mehrere Zeit hintereinander getrieben.

O das Sehen! Es ist eine wunderbare herrliche Gewohnheit, eine Gewohnheit, ohne die es sehr schwer werden würde, überhaupt in der Welt zu bestehen! – Glücklich diejenigen Hochbegabten, denen es so leicht wird als mir, sich das Sehen anzueignen.

*Aus: Lebens-Ansichten des Katers Murr*

**Ludwig Fels**

## Sie heißt Lily

Es gibt keine Mäuse im Haus. Die Katze frißt Fleisch aus Büchsen und Dosen, kratzt kalte Fische aus dem Einwickelpapier. Manchmal tut sie ganz zufrieden, Katzen können das besonders gut.
Unsre Katze hat einen Korb, in dem sie nicht schläft, obwohl das Kissen weich ist; viel lieber legt sie sich auf den Küchentisch, rollt sich dort auf den Rücken und schaut zur Decke hinauf, ob sie vielleicht Wolken sieht. Das Kabel, an dem die Lampe hängt, kommt ihr dann bestimmt wie ein Ast vor, an dem sie nirgends herumklettern kann.
Unsre Katze zeigt uns, wo und wie wir leben. Katzen sind ehrliche Tiere. Sie heißt Lily. Der Name stammt aus einem Lied, das die alten Väter den Großmüttern vorgesungen haben. Es ist ein Menschenname.
Sie war ja auch einmal ein Kind. Aber das ist lange her. Sie lebt nur in der Wohnung und weiß nicht, daß es draußen ähnlich ist. Wir überlegen schon, ob wir Gras auf den Teppich säen sollen, denn schließlich ist sie kein Spielzeug und nicht aus Holz. Und auf die Straße können wir sie nicht lassen, weil dort die Autos alles überfahren dürfen.
Unsre Katze kann nur fressen und schlafen, sonst ist es ihr zu langweilig. Manchmal spielen wir mit Wollfäden und sie schaut uns dabei zu. Wenn sie reden könnte, würde sie sagen: ihr habt's gut, ihr seid zu zweit, ich aber bin ganz allein, bloß weil ich kein Mensch geworden bin und nicht auf den Hinterbeinen laufen kann!
Im Traum singt sie; da jagt sie Vögel und wird von einem

Hubschrauber vertrieben. Dann steht sie auf, gähnt und trinkt einen Schluck Milch, als hätte sie wirklich geschwitzt gehabt. Wenn eine andere Katze im Fernsehen mitspielt, miauzt, dann guckt sie streng zur Tür hin.
Im Frühling gehn bei uns Tauben auf dem Fensterbrett spazieren, solche aus der Stadt, dann klappert unsre Katze mit den gelben Zähnen, sträubt das Fell und schüttelt sich zukkend, will hinaus, im Sonnenschein baden, und wir streicheln sie schnell und haben ein schlechtes Gewissen, jedesmal wenn wir unsre Schuhe anziehn.
Während des Winters liegt sie auf dem Ofen und läßt sich braten, springt ab und zu einer sterbenden Stubenfliege hinterher. Ihr Glück ist ganz klein. Von allem anderen wissen wir nichts.

# Katzenführerschein

Nun haben wir eine ganze Menge über Katzen erzählt. Ob du dir inzwischen wohl die wichtigsten Fragen beantworten kannst? Dieses kleine Quiz kann dir vielleicht helfen, dein Wissen zu prüfen. Immer nur eine Antwort ist richtig. Die Auflösung findest du auf Seite 92. Für jede richtige Antwort gibt es einen Punkt. Auf Seite 92 kannst du dann nachsehen, ob du die «Katzen-Führerschein-Prüfung» bestanden hast.

**1. Katzen füttert man**

a) ... am besten nur mit Trockenfutter; das macht starke Zähne.

b) ... mit mehr Getreide und Gemüse als Fleisch.

X c) ... mit viel Fleisch und etwas Gemüse. Rohes Schweinefleisch darf allerdings nicht in den Katzenteller.

**2. Eine Katze, die die Ohren anlegt und sich in die Ecke duckt,**

X a) ... fürchtet sich.

b) ... ist wütend und will angreifen.

c) ... ist schläfrig und will sich zurückziehen.

**3. Katzenbabys ...**

a) ... sollte man während der ersten Wochen ganz in Ruhe lassen.

X b) ... sind später zutraulicher, wenn sie schon in den ersten Wochen von netten Menschen gestreichelt werden.

c) ... sollten so früh wie möglich von der Mutter getrennt werden; sie gewöhnen sich dann besser an den Menschen.

**4. Katzen, die satt sind,**

a) ... jagen keine Mäuse oder Vögel.

X b) ... jagen trotzdem.

c) ... erwischen höchstens alte Mäuse.

**5. Katzen kann man ...**

a) ... das Vogelfangen abgewöhnen. Man muß sie nur kräftig anzischen, wenn sie zum ersten Mal einen gefangenen Vogel nach Hause bringen.

b) ... das Vogelfangen abgewöhnen, wenn man sie reichlich füttert.

X c) ... das Vogelfangen nicht abgewöhnen.

**6. Katzen, die ihr Fell sträuben,**

X a) ... wollen einen Gegner beeindrucken.

b) ... frieren.

c) ... haben Flöhe.

**7. Katzen mit langem Fell ...**

a) ... sind besonders gut gegen Regen und Kälte geschützt.

X b) ... müssen regelmäßig gekämmt werden.

c) ... stammen vom Löwen ab; Löwenmänner haben ja auch ein dichtes, langes Halsfell.

**8. Katzen waren**

a) ... im alten Ägypten eine geschätzte Speise.
b) ... im Mittelalter Glücksbringer.
X c) ... im alten Ägypten heilige Tiere.

**9. Wenn man eine Katze im Auto zum Tierarzt bringt,**

X a) ... sollte sie vorher in einen kleinen Transportkäfig gesteckt werden.
b) ... sollte sie sich im hinteren Teil des Autos frei bewegen können, sonst bekommt sie zu sehr Angst.
c) ... sollte sie vorher ein Schlafmittel bekommen.

**10. Katzen aus dem Tierheim**

X a) ... sind immer älter als ein halbes Jahr.
X b) ... werden nur abgegeben, wenn sie geimpft sind.
c) ... sind meistens krank.

**11. Junge Katzen bekommt man am besten stubenrein,**

a) ... wenn man sie mit der Nase in ihre Pfütze oder ihren Haufen stupst.
b) ... wenn man sie so lange auf dem Katzenklo festhält, bis sie ihr Geschäft gemacht haben.
X c) ... wenn man sie, kurz bevor sie ihr Geschäft an der falschen Stelle machen, aufhebt, ins Katzenklo setzt und lobt, wenn sie fertig sind.

**12. Katzenfutter sollte**

X a) ... wenn irgend möglich nicht direkt aus dem Kühlschrank in den Napf kommen, es ist dann zu kalt.
b) ... nur aus der Dose kommen.
c) ... muß immer in kleine Stücke geschnitten werden.

**13. Katzen, die ihre Krallen an Sofa oder Möbeln schärfen,**

a) ... sollte man die Krallen kurz schneiden lassen.

b) ... sind krank.

X c) ... sollte man einen Kratzbaum oder ein Kratzbrett aufstellen.

**14. Katzen**

a) ... sind Einzelgänger, sie vertragen sich untereinander nicht.

Xb) ... brauchen Gesellschaft. Aber sie müssen sich auch zurückziehen können.

c) ... fühlen sich nur in Gesellschaft wohl.

**15. Katzen spielen mit Mäusen,**

a) ... weil es ihnen Spaß macht, die Tiere zu quälen.

X b) ... wenn sie erleichtert sind, daß sie endlich etwas gefangen haben.

c) ... wenn sie schlecht erzogen sind.

**16. Katzenerziehung**

a) ... ist zwecklos, die Tiere sind einfach zu dickköpfig.

b) ... geht nicht ohne Prügel ab.

Xc) ... klappt nur mit viel Geduld, Liebe und Konsequenz.

**17. Katzen wetzen ihre Krallen,**

Xa) ... damit sie scharf bleiben.

b) ... weil sie schlecht erzogen sind.

c) ... wenn ihnen die Möbel nicht gefallen.

**18. Urlaub mit Katze**

a) ... ist völlig unmöglich! Katzen hängen zu sehr an ihrem gewohnten Haus und würden anderswo sofort weglaufen.

X b) ... ist möglich, wenn man Rücksicht darauf nimmt, daß die Katze Zeit braucht, sich umzustellen.

c) ... ist eine ausgezeichnete Idee. Katzen wollen auch mal was erleben!

**19. Kater pinkeln an Zaunpfähle und Wände,**

a) ... weil ihnen ihr Katzenklo nicht gefällt.

b) ... wenn sie besonders gut gelaunt sind.

X c) ... weil sie anderen Katzen sagen wollen: «Hier bin ich Hausherr.»

**20. Wenn deine Katze auf deinem Schoß liegt und dir abwechselnd rechts und links mit den Krallen in die Beine pikst,**

X a) ... fühlt sie sich ganz besonders wohl.

b) ... mußt du sie sofort bestrafen! So etwas darf man sich nicht gefallen lassen.

c) ... ist sie hungrig und will Futter haben.

## Auflösung des Katzen-Quiz

1c 2a 3b 4b 5c 6a 7b 8c 9a 10b 11c 12a 13c 14b 15b 16c 17a 18b 19c 20a

19 und 20 Punkte:
Toll, eine Katze, die zu dir in die Familie kommt, wird es sicherlich gut haben.

16, 17 und 18 Punkte:
Schon ganz gut. Wenn du ab und zu noch mal schwierige Dinge im Buch nachschaust, ist das sicherlich gut für das vierbeinige Familienmitglied.

15 und weniger Punkte:
Na ja ..., es könnte wohl nichts schaden, wenn du dir das Buch noch mal vornimmst. Denn Fehler, die du machst, muß die Katze ausbaden.

# Wichtige Adressen und Bücher für Katzenfreunde

Deutscher Tierschutzbund, 53115 Bonn, Baumschulallee 15, Tel. 02 28/63 10 05. Hier erfährst du, welches Tierheim von deinem Wohnort aus am besten zu erreichen ist. Der Deutsche Tierschutzbund führt nur seriöse Tierheime in seiner Liste – gut für deine zukünftige Katze!
Tierschutzverlag Buberl GmbH, Gräfelfinger Str. 59, 81375 München, Tel. 0 89/71 87 20. Dieser Verlag bringt das Tierschutzjahrbuch heraus, das im Anhang sämtliche Tierschutzvereine und Tierheime auflistet.
Zentralverband Zoologischer Fachbetriebe Deutschlands e.V., Rheinstraße 35, 63225 Langen, Tel. 0 61 03/2 30 95. Wenn du noch Fragen zur Katzenhaltung hast, kannst du dich hier erkundigen.
TASSO Haustierzentralregister für Deutschland e.V., Frankfurter Str. 20, Postfach 14 23, 65795 Hattersheim, Tel. 0 61 90/40 88. Im Haustierzentralregister werden alle tätowierten Haustiere registriert. Hier kannst du nachfragen, wenn du deine Katze tätowieren lassen willst oder wenn dir eine Katze mit Tätowiernummer zugelaufen ist.

Über Katzen kann man natürlich noch viel mehr sagen, als in diesem Büchlein steht. Vielleicht interessieren sich eure Eltern oder größeren Geschwister ebenfalls dafür. Wir haben hier zehn Katzenbücher oder Aufsätze erwähnt, die allerdings allesamt für Erwachsene geschrieben sind. Aber vielleicht erzählen euch eure Eltern ein wenig von dem, was sie in diesen Büchern finden?

Liebe Eltern, liebe erwachsene Leser,
hier ein paar Anregungen für den Fall, daß sich bei den jungen Katzenfreunden mehr Wissensdurst entwickelt hat, als unser Büchlein löschen kann.
Meine Katze (*Dorling-Kindersley-Buch*). Das praktische Handbuch für den Tierfreund. Unipart Verlag, Remseck bei Stuttgart 1992
Ein hervorragendes Buch aus England, der Heimat der Katzenliebhaber, voller praktischer Tips und farbig illustrierter Erläuterungen.
*Behrend, Katrin:* Katzen richtig pflegen und verstehen. Verlag Gräfe und Unzer, München 1992
Ein informatives Buch, das übersichtlich und gut verständlich Wichtiges über Katzenhaltung und – besonders wichtig – das Wesen der Katze enthält.
*Bürger, Manfred:* Lexikon der Katzenhaltung. Landbuch-Verlag, Hannover 1987
Sehr nützlich! Ein Lexikon über Hauskatzen, das man praktisch nicht «totfragen» kann.
*Leyhausen, Paul:* Katzen – eine Verhaltenskunde. Verlag Paul Parey, Berlin und Hamburg 1979
Das klassische Buch über Katzenverhalten, z.T. für Laien etwas sperrig, aber in weiten Teilen spannend und informativ.
*Turner, Dennis* und *Patrick Bateson* (Hg.): Die domestizierte Katze. Albert Müller Verlag, Rüschlikon-Zürich, Stuttgart, Wien 1988
Eine Zusammenstellung wissenschaftlicher Artikel, mei-

stens auch für Laien verständlich! Besonders spannend: die Untersuchungen, wie Katzen auf Menschen wirken.
*Lieckfeld, Claus-Peter* und *Veronika Straaß*: Leben wie ein Hund. rororo-rotfuchs (Band 598), Reinbek 1992
Ein Buch, das versucht, an den Beispielen Hund, Katze, Fische, Papageien, Wellensittiche, Hamster, Mäuse, Meerschweinchen, Kaninchen darzulegen, wie Tierliebe und Tierwissen zusammengehen können.

Es ist nicht immer leicht, Artikel in alten Magazinen aufzustöbern. Aber hier lohnt sich die Suche!
*Ward Moser, Penny* und *Nick Nichols*: Die Katze läßt das Mausen doch, in: Geo 1, 1986, S. 112–122
Wissenswertes und Kritisches über die Herstellung von Katzenfutter.
*MacDonald, David* und *Thomas Stephan*: Auf dem Hof, da sind die Löwen los, in: Geo 8, 1989, S. 60 –74
Wer diesen Artikel gelesen hat, glaubt sicher nicht länger, Katzen seien Eigenbrötler und Einzelgänger!

Zum Schluß noch zwei Bücher, die vor allem Lesevergnügen bereiten:
*Bogner, Ute* (Hg.): Die schönsten Katzengeschichten der Welt. Delphin Verlag, München 1989
Wunderschöne Katzengeschichten von Hemingway, Tucholsky, Grzimek, E.T.A. Hoffmann und vielen anderen.
*Haucke, Gert* und *Katharina Lausche*: Koschka. Verlag an der Este, Buxtehude 1991
Koschka, wunderschön illustriert von Katharina Lausche, lebt behütet und geliebt bei ihren Menschen, bis plötzlich zwei Konkurrenten auftauchen. Gert Haucke versteht es meisterhaft, sich in die Seele einer Katze hineinzufühlen.

*Claus-Peter Lieckfeld,* 1948 geboren, war von 1981 bis 1988 als Redakteur bei der Zeitschrift ‹natur› tätig. Verfaßte zahlreiche Natur-, Umwelt- und Öko-Artikel, ferner den Umwelt-Science-fiction-Roman «427 – Im Land der grünen Inseln» (1986) sowie einen Band mit Öko-Kurzgeschichten «Esel und Co» (1988). Lieckfeld textete für «Scheibenwischer», Kom(m)ödchen und Lach- und Schießgesellschaft.

*Veronika Straaß,* 1957 geboren; arbeitete nach Abschluß ihres Biologiestudiums in den 80er Jahren an bundesdeutschen und internationalen «Wildlife»-Projekten mit, häufig im Auftrag der «Wildbiologischen Gesellschaft» München. Von 1987 bis 1990 lief in der Zeitschrift ‹natur› ihre Serie «Ökologie ist wenn ...», die im Herbst 1990 unter dem Titel «Spielregeln der Natur; Taktik, Tricks und Raffinesse» als Buch erschienen ist.
Bei rotfuchs gibt es von den beiden Autoren «Leben wie ein Hund» (Bd. 598)

*Katharina Lausche,* 1959 geboren, von 1978–1980 Studium in Hamburg, Hochschule für Bildende Künste und Wahrnehmungs- und Lernpsychologie an der Universität. 1980 Naturstudien bei Professor Bauer, Professor Elfers und Buchgestaltung bei Professor Willberg in Mainz. Seit 1984 Sachbuchillustrationen, 1985 die erste Ausstellung in Frankfurt. 1991 zusammen mit Gert Haucke das Bilderbuch «Koschka» (Verlag an der Este). 1992 Troisdorfer Bilderbuchpreis.
Katharina Lausche illustriert für rotfuchs die Sachbuchreihe («Meine Katze» 697; «Mein Hund» 696; «Mein Pony» 695).
Im April 1994 wird der vierte Band «Mein Igel» erscheinen.